中宣部、中央文明办、新闻出版总署联合推介
百种优秀思想道德读物

诚信决定存亡
Credit Matters

刘玉瑛 著

新华出版社

图书在版编目（CIP）数据

诚信决定存亡 / 刘玉瑛著. —修订本
北京：新华出版社，2011.9（2025.2重印）
ISBN 978-7-5011-9712-5

Ⅰ.①诚… Ⅱ.①刘… Ⅲ.①社会公德教育－中国 Ⅳ.①D648.3

中国版本图书馆CIP数据核字(2011)第181618号

诚信决定存亡（修订本）

作　　者：刘玉瑛	
选题策划：黄春峰	责任编辑：沈文娟　祝玉婷
封面设计：刘宝龙	

出版发行：新华出版社
地　　址：北京石景山区京原路8号　　邮　编：100040
网　　址：http://www.xinhuapub.com
经　　销：新华书店、新华出版社天猫旗舰店、京东旗舰店及各大网店
购书热线：010－63077122　　中国新闻书店购书热线：010－63072012
照　　排：六合方圆
印　　刷：大厂回族自治县众邦印务有限公司
成品尺寸：170mm×240mm　1/16
印　　张：15.5　　字　数：150千字
版　　次：2019年4月第三版　　印　次：2025年2月第三次印刷
书　　号：ISBN 978-7-5011-9712-5
定　　价：36.00元

版权专有，侵权必究。如有质量问题，请与出版社联系调换：010－63077101

前　言

　　我所撰写的《诚信决定存亡》一书，出版于2008年8月。2011年我对它进行过修订。时至今日，我决定再一次修订它。

　　为什么一而再再而三地修订这本书？多次修订的原因固然能说出许多，但最主要的原因，是因为这10年来的中国社会，发生了太多太多让我震撼的事件：

　　2010年9月27日下午，西安工商部门在北二环蔬菜副食交易中心检查发现，市场上那种又白个又大的生姜被硫磺熏过。经常食用硫磺熏的生姜，会对人的神经系统等造成损害。

　　2011年3月15日，央视3·15特别节目曝光了双汇集团使用瘦肉精猪肉的问题。

　　2016年8月，山东临沂的徐玉玉考上了南京邮电大学。由于家庭困难，她向教育部门申请了助学金，19日下午，她接到了通知，她马上就可以领到这笔助学金的电话。结果，这是一个骗局，而这个骗局让徐玉玉损失了父母辛辛苦苦为她攒下1万元的学费。2016年8月21日，徐玉玉伤心欲绝，郁结于心，最终导致心脏骤停，不幸离世。

　　还有那些形形色色的庞氏骗局。这数不尽的让我震撼的事件，让我不能不对"诚信"这个话题进行重新地审视，不能不对"诚信"这个话题进行更加深入、更加细致的思考。

当今的社会到底是怎么了？诚信这个古老的话题如今面临着哪些更大的挑战？处在新时代的中国社会如何能走出诚信的困局？失信会让整个社会付出哪些代价？社会诚信的基石如何重铸？

"人无诚信不立，家无诚信不和，业无诚信不兴，国无诚信不宁"是人人都明白的道理，明白的道理为什么在实践中却背道而驰？问题的症结究竟在哪里？

我试图通过修订《诚信决定存亡》一书，对上述这些问题再做些梳理，再进行些更为深入的思考。

也许我的梳理还待全面，也许我的思考还待深入，好在"诚信大家谈"，我也就斗胆地把这尚待全面的梳理、尚需更深入的思考呈献给读者，以期抛砖引玉。

在撰写、修订本书的过程中，我曾参阅、引用了部分报纸杂志发表的资料来阐述、说明问题，这些资料大多在引用时已有注明，这里就不一一列举，我谨在此向原作者致以诚挚的谢意！

同时，我还要对新华出版社副社长黄春峰先生说一句"谢谢"。因为他为修订后的本书"问世"付出了辛勤的劳动。

刘玉瑛

2019年3月1日

目录 CONTENTS

前 言 ··· 1

第一章 精彩光环下的社会问题 ································ 1
    一、假货泛滥成灾 ··· 3
    二、骗子横行猖獗 ··· 6
    三、假话连篇累牍 ··· 10

第二章 当今社会为何诚信缺失 ································ 17
    一、价值观扭曲 ··· 19
    二、道德标准移位 ··· 25
    三、虚荣心理作祟 ··· 29
    四、失信成本过低 ··· 32

第三章　诚信的分量比五岳还重 …… 37
　　一、诚信的价值无可估量 …… 39
　　二、诚信是用之不竭的宝藏 …… 43
　　三、诚信是不可亵渎的神灵 …… 46

第四章　为人处世诚信始 …… 55
　　一、人先信而后求能 …… 57
　　二、诚信正在远离我们 …… 65
　　三、为人处世如何践行诚信 …… 69

第五章　商诚则兴，商奸则衰 …… 77
　　一、中华民族具有诚信的商德 …… 79
　　二、《无憾的一天》让人震撼 …… 81
　　三、诚信决定企业兴衰成败 …… 87
　　四、企业如何诚信管理经营 …… 98

第六章　治国理政以诚信为本 …… 105
　　一、诚信是官德的重要组成部分 …… 107
　　二、治国理政不可缺少诚信 …… 113
　　三、政务诚信不容乐观 …… 117
　　四、为官从政不讲诚信是十分危险的 …… 120
　　五、领导干部如何做诚信的表率 …… 123

第七章　知识的殿堂需要诚信来守护 …… 125
　　一、有诚信才能成为真理的住所 …… 127
　　二、知识的殿堂正在遭受践踏 …… 130

三、知识的殿堂遭受污染后患无穷 ……………………… 133
　　四、知识殿堂如何保持圣洁 …………………………… 137

第八章　家庭和谐的必要条件 …………………………… **145**
　　一、婚外恋情不容忽视 ………………………………… 147
　　二、悲剧背后的沉重思考 ……………………………… 149
　　三、幸福和谐家庭如何造就 …………………………… 152

第九章　人类发展史的重要课题 ………………………… **159**
　　一、人类"精心"制造的一种文化现象 ……………… 161
　　二、社会没有诚信，就犹如水磨没有水 ……………… 163
　　三、知易行难 …………………………………………… 171
　　四、人们为诚信归来所做的努力 ……………………… 180

第十章　社会诚信的基石如何重铸 ……………………… **183**
　　一、重视道德教化的作用 ……………………………… 185
　　二、建立健全法规制度 ………………………………… 187
　　三、创造诚信的文化环境 ……………………………… 190
　　四、汲取古代诚信的文化精华 ………………………… 194
　　五、虚心学习国外的诚信品质 ………………………… 200

第十一章　谁来拯救诚信危机 …………………………… **205**
　　一、政府诚信是最大的诚信 …………………………… 207
　　二、企业诚信是经济发展的基石 ……………………… 209
　　三、个人诚信是和谐社会的关键 ……………………… 212
　　四、诚信的实现靠的是行动 …………………………… 214

第十二章　讲诚信要趋利避害 ……………………………… 223
- 一、有时也不能讲"诚信" ……………………………… 225
- 二、讲诚信要坚持"五个有利于" ……………………… 230
- 三、具体问题具体分析具体对待 ………………………… 233

主要参考书目 …………………………………………………… 237

第一章

精彩光环下的社会问题

有人说:"当今的社会很精彩";也有人说:"当今的社会很病态"。

当今的社会的确是很精彩。物质非常丰富,商品琳琅满目,科技十分发达,交通更是便利。但精彩的光环之下一些事件,也确实让人感到"当今的社会很病态"。

时下的中国,一个突出的社会病症,就是诚信的缺失。

第一章 精彩光环下的社会问题

2010年5月21日，第540期《国际先驱导报》推出的核心报道就是，"我们的社会病了"。

当然，事物总有两面性，但要全面建成小康社会，建成富强民主文明和谐美丽的社会主义现代化强国，让人们过上幸福、安康的好日子，就要医治"社会病"。否则，富强民主文明和谐美丽的社会主义现代化强国的构建就会是空中楼阁，人们就不会生活在幸福、安康之中。

每一个时代，每一个社会都有不同的病症。但时下的中国，一个突出的社会病症，就是诚信的缺失。下面的问题足以证明这种观点。

一、假货泛滥成灾

"假货泛滥成灾"，这话绝对不是文学笔法。它是当今社会的真实现象。

时下的造假，可以说是已经达到了登峰造极的地步，让人"叹为观止"。

（一）名牌，仿冒你没商量

不知道从何时起，有人打起了名牌的主意，热衷于制造假名牌。"LV包""茅台酒"不是名牌吗？我仿冒你没商量。

成立个小作坊，弄来点皮子料，找几个工人，仿造LV皮包的样式，做个皮包。这皮包就成了高档名牌。

收购一些旧的茅台酒瓶，灌进去一些大路货，酒瓶口一封，就是名酒"茅台"了。

他管你什么假冒不假冒，只要能获取暴利就行。等消费者发现买了假"LV",喝了假茅台,他早就溜之大吉了。

这"李鬼"一出,谁见了"LV"皮包,看到"茅台",心里都要先打个问号,到底是"李鬼"还是"李逵"?

(二)证件,没有证明功效

证件,顾名思义是用来证明身份、经历等的证书和文件。但当下的社会,有的证件却让你无法证明持有者的身份。

为什么无法证明持有者的身份?你到北京的小胡同走一趟,就什么都明白了。

在那里,有人会悄悄接近你,然后低声问:"要证件吗?毕业证、身份证、结婚证、离婚证……"只要你想要,他什么证都能给你做。

假毕业证,让一些人由专科变成本科,本科变成硕士,硕士变成博士。

假身份证,让一些人开公司坑蒙拐骗,高考让人捉刀代笔,资格考试偷梁换柱。

假结婚证,让一些人跟情人周游列国随意住饭店开房间。夫妻合住一间一般是要结婚证的。但要他也不怕。带着哪!你即使是长着火眼金睛,看出了破绽又能怎么样?半夜三更的民政部门也不上班,即使上班,谁给你查去,你就老老实实地让他们住下吧!

假离婚证,让一些人家里"大旗"犹在,外面则是"彩旗"飘飘。

如果你揭露了他,他会理直气壮地告诉你:现在这种假的人物多着呢!也不是俺一个。

这话说得倒也是不假。据媒体报道,某省教育厅高校毕业生就业指导中心开始接受高等教育文凭鉴定工作。"在短短的两个月内,中心收到近600件文凭送鉴申请,其中竟有六分之一的假文凭。一家银行送来鉴定的 33 份文凭中，只有 2 份是真的；一机关单位送来鉴定的 6 份学历证书中，竟无一是真……"[1]

（三）总理，你也是很无奈

"不做一分钱假账，不少交一分钱的税！"这是财务人员应该遵守的基本准则。但当下的社会，哪家公司、哪家企业敢拍着胸脯表态，说自己真正做到了。

当年，上市公司"银广夏"（000557）做假账的水平之高，称得上是吉尼斯之最。

而眼下，做假账逃税、做假账骗人，那是司空见惯，而且技巧也在不断地冲击着吉尼斯纪录。

当年，朱镕基总理在给上海立信会计学院题写校训时，挥笔写下了"不做假账"4 个字。

这 4 个字划出了会计师的道德底线，也反映出朱镕基总理内心对做假账问题的深深无奈。

而眼下，做假账的问题，依然屡见不鲜，广告上还时时见有培训如何做假账的学习班。

至于娱乐圈的"阴阳合同"，恐怕也不是空穴来风。

（四）机关，真假难以辨别

事实上，不仅假名牌、假证件、假账本等假货泛滥，还有假广告、假合同、假发票、假评估、假企业等，甚至"管理机关"也有假的。

---

1. 吴兢：《刑罚：向假文凭"开刀"》，《人民日报》，2001 年 8 月 9 日第 6 版。

2010年2月23日上午，被称为"中国最牛山寨局机关"的"局长"章宁泉在北京市第二中级人民法院出庭受审。

所谓"中国最牛山寨局机关"，是章宁泉利用租用司法部原办公楼内办公室，冒充司法部下属机构成立的"中国天平调查员管理局"。

章宁泉自任局长，并设立"政委""党组书记"等职，任命书模仿国家机关红头文件格式。该管理局的职员都身着与警察制服十分类似的服装，肩章、臂章、胸徽、警号、领花等是一应俱全。

在法庭上，公诉人问章宁泉："中国天平调查员管理局是谁批准的？"章宁泉答："不需要批准，是我内设机构。"

"你这个局长是谁任命的？""不需要任命，我自己任命的！"

"你有权任命自己当局长吗？"章宁泉脱口而出："有！"

侦查员赵作介绍说，"机构内部设立局长、政委、副局长、工会主席、党总支等，他跟我们职能机关日常工作环境是完全相似的。"

"中国天平调查员管理局"存在长达4年的时间，后因章宁泉率部下制服着装为其情妇举办豪华葬礼，被网友发现破绽举报，才受到查究。

二、骗子横行猖獗

有人说，"当今的社会，只有骗子是真的，其他什么都是假的。"这话固然有些夸张，但我们不可否认，当今的社会骗子横行猖獗。

生活中，我们时常会看到形形色色的欺诈行为；时常会听到各种各样的欺骗故事。

当你好心地将一位无处落脚的姑娘领回家中安歇，可是不久，你会惊讶地发现，她突然不知去向，而你家中的贵重之物，也已不翼而飞；

当你慈善地把钱递给一只脏兮兮的小手,然而,你一回头,却会发现,在一个角落里,一位身强力壮的男人正在得意地向你窃笑;

当你热心地把钱寄给一位"需要帮助"的久违的朋友,但是,随后你了解到,那位"久违的朋友",其实是你根本就不认识的骗子。

用"骗子横行猖獗"来形容眼下骗子的张狂、骗子的无所不在,似乎一点也不过分。

骗子形形色色,骗的内容各不相同,小到骗吃、骗喝,大到骗官、骗婚、骗财乃至老人的养老钱、病人的救命钱。只要是能骗,得着什么骗什么。以至于骗得人们不知道什么能相信,什么不能相信。

(一)装病也不在乎

人们常说:"有什么,别有病;没什么,别没钱。"但是,君子爱财,必须要取之有道。靠勤劳致富;靠真本事发财。

可是,有些人想致富,却不想勤劳;想发财,却不去学真本事。于是,他们便利用歪门邪道来骗取钱财。

这些骗子的骗术可谓"高超",伎俩可谓花样翻新。花言巧语骗钱;假冒官员骗钱;装病装残骗钱;装穷装苦骗钱;装灾装难骗钱;装佛弄仙骗钱。反正是只要能骗到钱,能装什么就装什么,就是装病也不在乎。看看下面媒体报道的题目,就不言自明了。

《记者揭开骗局——男子租"娘"来装病骗钱》(大众网—齐鲁晚报,2008年5月);《假母女在闹市街头装病半月余》(嘉兴在线新闻网,2008年11月26日);《公安队长偶中大奖贪欲膨胀,诈骗达千万被判20年》(羊城晚报,2010年7月20日)。

北京地铁五号线,有个装双腿残疾的乞丐。有个乘客要给他钱,车上保安小声提醒一句："是假的不要给他钱",结果遭到这个假残疾人的大声辱骂(新浪微博"北京事儿",2018年7月3日)。

(二)"假干部"混进省委组织部

当初,听说有人骗官,我还以为是天方夜谭,竟幼稚地想,这当官得群众选举,领导把关,组织部门定夺,这层层把关,怎么就能骗得官当?

事实上,我真的是一介书生。既能骗钱,官又有什么不能骗的?骗钱也是骗的人,组织部门不也是人在管吗?既然是人在管,那又有什么不能骗的?

既如此,"假干部"卢贵平混进某省委组织部为官4年,也就不足为奇了。

卢贵平原住在偏远的县城,是一个合同制工人。但他却凭着伪造的

"涂"谋　　　　　　　　　　　　　　　　　新华社发　蒋跃新　作

"假学历""假身份""假档案",靠行贿送礼,一跃而成为某省委组织部的机关干部。

据新华社消息,名为卢贵平的"假干部"因贪污行贿2001年7月被判处有期徒刑16年。[1]

既如此,"造假书记"王亚丽官至共青团石家庄市委副书记也就不足为怪了。

王亚丽,石家庄团市委原副书记,其公开的资料中,除了性别,其他如身份、年龄、履历、档案被证实均为造假。人称"一身是假"。一位中央领导同志称,此事闻所未闻!

令人感到震惊的是,王亚丽是在冒充他人女儿意图侵占他人亿万财产遗产时,遭当事人家人举报而东窗事发的。

2011年6月9日,河北桃城区人民法院对"造假骗官干部"、共青团石家庄市委原副书记王亚丽涉嫌职务侵占和行贿案进行一审判决并依法公开宣判,王亚丽被判处有期徒刑14年、剥夺政治权利4年。[2]

既如此,卢恩光从一名私营企业主一步步变身为副部级干部也就不足为奇了。经查,卢恩光年龄、入党材料、工作经历、学历、家庭情况等全面造假,长期欺瞒组织。由中央纪委宣传部、中央巡视办、中央电视台联合制作的电视专题片《巡视利剑》这样评价卢恩光案:"这是改革开放以来一起罕见的个人情况全面造假、金钱开道、投机钻营、跑官买官,从一名私营企业主一步步变身为副部级领导干部的典型案件。"(新华网,2018年4月9日报道)

---

1. 《"假干部"混进省委组织部 贪污贿赂判16年》,新华社,2001年7月12日。
2. 朱峰:《石家庄骗官书记王亚丽一审被判有期徒刑14年》,新华网,2011年6月9日。

（三）假记者被真记者揭穿

古人有"不吃嗟来之食"之语，但是现在有些人却哪里去管它是嗟来之食，还是骗来的饭菜，只要是美味佳肴，就会饥不择食地吞下去。

2000 年的一天，在石家庄举行的一次全国性的会议上，一位自称为《石家庄日报》张记者的中年男子来到宾馆签到。

他见没有发放纪念品，便千方百计地向会务人员索要了一份。他的这种行为立即引起了会议组织人员的怀疑。

当天晚上，会务人员按他的签名向这家报社询问有无此人，报社回答有。会务人员于是放松了警惕，任他在宾馆吃喝。

会议第三天，与会人员参观革命圣地西柏坡中共中央旧址时，这名中年男子又故伎重演，悄悄以记者团的名义向纪念馆负责人索要五份纪念品和相关材料。

没想到，《石家庄日报》一名记者听说"同事"拿走了材料，便前去见面，结果发现他并非是自己十分熟悉的某记者。于是，这位记者就当即将他揭穿。

假"记者"提包匆匆想溜走时，被纪念馆保安人员送交当地派出所处理。[1]

三、假话连篇累牍

季羡林先生说："假话不能说。"但是，现在有些人却是假话经常说。

---

1. 蔺玉堂、杨守勇：《假记者遇到真记者，骗吃骗喝终露马脚》，新华社石家庄 2000 年 5 月 14 日电。

所谓假话,就是所说的话与客观事实不相符合,或没有足够证据。大话、谎话都属于假话之列。

(一)政绩弄虚作假

政绩,简单说来,就是执政的成绩。执政者追求"政绩",无可厚非。这就像在校的学生,都想取得好成绩一样。但问题的关键是,这种成绩如何取得?

不知道从何时起,为了升迁、为了让上级高兴而造假政绩的现象出现了。正像一首顺口溜所描述的:"村骗乡,乡骗县,一级一级往上骗,一直骗到国务院。"

这种造假政绩的现象一经出现,就如野草般蔓延,而且屡禁不绝。河南省卢氏县原县委书记杜保乾就是一个典型。

卢氏县地处深山,土地瘠薄,人均耕地仅为一亩左右。2000年,全县农民人均毛收入1050元,扣除农业生产性投入,人均纯收入仅有750元。但是,在杜保乾的操纵下,卢氏县的"人均纯收入"竟然高达1819元。

杜保乾在卢氏县当政时,虚报政绩、弄虚作假已经是习以为常。

一次,市里的领导要来卢氏县检查养猪模范村。杜保乾担心仅有十几头猪的这个"模范村"要露馅,便让村长提前布置了一番。

于是,市领导的小车队一露面,村民们就一齐用棍子使劲地打猪,让猪叫唤。

市领导老远听到一片猪叫声,连说"这个村的猪真多"。随即,市领导的车队离村而去。

县委书记大搞"政绩工程"为自己"撑面子",下面的干部必然以此为"时尚"。

卢氏县某村只有几十头牛，但他们却声称已经建成了数百头牛的养牛基地。听到县委要来检查，村长便到邻县各村"租"来一大群牛摆样子。

连年的造假工程，使卢氏县农民直接损失 3.1 亿元，贷款资金死滞呆账损失达 1.2 亿元，国家大量的扶贫款变成了"造贫款"。[1]

无独有偶，2015 年人民日报发表了一篇题为《杜绝"造盆景式"的作秀扶贫》。文章称，有个地方，为了让上级考察时看到自己的扶贫成绩，派一些小学生披着装化肥用的白塑胶袋，趴在领导路过的山坡上。领导远远望去，山坡上尽是"美羊羊"，大加赞许。地方干部"喜洋洋"，皆大欢喜。

（二）广告大言不惭

说虚假广告屡见不鲜，一点也不夸张。本来是豆腐渣，却能说成是一朵花。比如房地产广告，就陷阱重重。

购房者购买房屋，在楼盘的位置上，一般都要考虑该位置是否具有升值潜力，交通是否便利。售房者抓住购房者的这一心理，便在这两个方面上大做文章。

他们在广告中附上地理位置图，并在图中说明"该小区交通便利，有车直通繁华市区，乘车仅需××分钟（或距市中心××公里）"。

而实际上，广告中所说的"乘车仅需××分钟"，是交通顺畅无阻时的时间，至于"距市中心××公里"则是直线距离。

看来，这房地产商数学学得还真不错，他们牢记住了"两点之间，直线最短"这一数学定理。

---

1. 肖树臣：《"别让浮夸风吹出虚假'政绩'"》，《工人日报》，2002 年 1 月 28 日。

第一章 精彩光环下的社会问题

吹牛　　　　　　　　　　　　　　　　　　　　　　新华社发　王威　作

随着人们物质生活水平的提高，人们购置住房已经不单单满足于有个居住落脚之处，而是追求良好的居住环境，尤其对绿化更是看重。

一些售房者深谙购房者的这一心理需求，便在广告中夸大小区环境的优良度。拥有一小片绿地，就称之为"花园"；栽上区区可数的几棵树，就宣称"绿荫遍地"；挖个小水槽，就说是"湖水荡漾"。

人们购买房屋是为了安居乐业，但如果掉进了房地产商广告的陷阱中，这美好的愿望也就只好成了幻想。

至于保健药品，其生产销售商更是夸口无遮拦。不仅自己夸，还请来明星推波助澜。比如，某补钙产品的广告，曾一度调动了老中青三代明星，共同"组建"了"补钙大军"。

他们笑容可掬地向你举起药瓶，举起勺子，对你循循善诱。人称"中国明星集体缺钙"。

从广告上看,不仅有许多明星缺钙,他们还是多种疾病"缠身"。不是有位明星就"胃不好、头痛、肾虚"吗!

电视屏幕上,这位明星先称赞某药厂的胃药,然后又说某药厂的口服液治好了他的偏头痛,转过身来便对某药厂的益肾丸疼爱有加。

真可怜这位大明星,一人身"兼"数病;也真是难为他了,自己有病,还得上电视"劳累"。

(三)承诺虚假不实

不仅房地产业、药商有大言不惭的广告,餐饮业的承诺也是虚假不实。就连知名的洋快餐也不能免"俗"。

2011年8月12日,《中华工商时报》发表了一篇题为《洋快餐连曝食品问题 "偶发事件"成挡箭牌》的文章,文章说:"麦当劳炸鸡翅里被指吃出活蛆虫,汉堡原料面包遭遇'暴晒门';肯德基深陷'豆浆门',之后又被指炸鸡油4天彻底换一次;因拒开发票而被指偷漏税;日本味千拉面用浓缩液勾兑汤底,给顾客摆虫子宴……洋快餐的餐桌上近期暴露出一系列问题,使其遭遇了空前的诚信危机,成为众矢之的。"

所谓"吃出活蛆虫",是指"近日在微博上流传的湖南公共频道的视频报道显示,长沙市一名男童吃麦当劳的鸡翅套餐时,发现骨中爬出多条活蛆虫。"[1]

所谓"豆浆门",是指2011年7月,国内部分肯德基的"醇豆浆"被揭秘不是现场磨制,而是用豆浆粉冲制而成。其成本只有0.7元钱,

---

1. 《洋快餐连曝食品问题 "偶发事件"成挡箭牌》,《中华工商时报》,2011年8月12日。

但是肯德基却卖到了7.5元一杯。

肯德基的"豆浆门",让我想起2001年8月12日《青年时讯》的一篇报道。报道说:"一份发自国家质检总局的最新检疫报告称,今年2至5月间,肯德基约4万公斤美国输华土豆泥粉漂白剂超标,不符合我国食品卫生要求,被予以退货处理。"[1]

---

[1].《肯德基对"土豆泥粉漂白剂超标"事件作正式说明》,《青年时讯》,2001年8月12日。

第二章

当今社会为何诚信缺失

当今的社会为何诚信缺失?"现象是大海表面的泡沫,本质则是隐藏在水下的深流。"其中,既有历史文化的原因,也有现实条件的因素;既有体制制度的原因,也有管理教育的因素;既有外部环境的原因,也有个人自身的因素。

第二章 当今社会为何诚信缺失

通过前一章的分析叙述，我们不难看出，当今社会诚信缺失。

当今社会诚信缺失，概括说来，既有历史文化的原因，也有现实条件的因素；既有体制制度的原因，也有管理教育的因素；既有外部环境的原因，也有个人自身的因素。具体而言，我认为，主要是以下的原因：

一、价值观扭曲

所谓价值观，按照词典上的解释，是指一个人对周围的客观事物（包括人、事、物）的意义、重要性的总评价和总看法。

价值观决定人的价值取向，决定人实现价值的行为方式。为什么同样的外在客观条件，有的人坑蒙拐骗，走向犯罪的道路，为他人所唾弃？有的人诚实守信，真诚为人做事，为他人所爱戴？说到底，是价值观的差异。

价值观是人的一种内心尺度，对人生道路的选择具有重要的导向作用。一个人走什么样的人生道路，选择什么样的生活方式，选择什么样的工作态度，选择什么样的做事方法，都是在一定的价值观的指导下进行的。换句话讲，价值观决定人的价值取向，决定人实现价值的行为方式。

时下，中国社会正处在社会转型期，市场经济的发展，对人们的价值观带来了巨大的冲击。在这种巨大的冲击下，一些人的价值观发生了扭曲。价值观扭曲的主要表现是：

（一）唯利是图

当今社会，有的人的价值观就是唯利是图。只要有利可图，什么事情都能干,哪怕是伤天害理,哪怕是天良丧尽。譬如,有的奸商居然用鸡饲料、兽药来配保健品。

据媒体报道,2011年8月8日,西安未央宫街办西叶寨村一处厂房内,一个利用鸡饲料等兽药制售假冒伪劣药品、假保健品的窝点被未央警方端掉,涉案金额高达500余万元。

记者报道说:"在西叶寨村莲湖区种子站内,记者看到这个加工'保健品'的作坊非常简陋。在一个专门包装'保健品'的作坊内,共有3个不足15平方米的房间。其中两个房间里堆满了名为'深海胰岛复活组合胶囊''海压宝''给力胶囊''乐压胶囊''男根宝'等8种假冒保健品的外包装盒。另外一个房间不仅是加工各种'保健品'的车间,还是工人做饭的厨房,在里边锅碗瓢盆和'保健品'的半成品胡乱地堆放在一起。

"在另外一个距离10多米远的作坊里,记者看到地上散落着大量类似中药的碎末和五颜六色的胶囊。一旁是成堆的鸡饲料和兽药。民警介绍,这些鸡饲料和兽药就是加工各种'保健品'的主要原料,无论啥'保健品'基本上都用这些原料,区别只是胶囊壳不同而已。"

经查,在短短的半年时间内,该窝点生产了2400余箱假冒保健品,涉案500余万元。[1]

(二)急功近利

市场经济以来,催生了一些人的急功近利价值观。他们急着出名、急着发财。为了快出名、快发财,就置诚信于不顾,不择手段来达到目的。

---

1. 王涛、沈怡聪:《奸商用鸡饲料兽药配保健品,获暴利超500万》,《西安晚报》,2011年8月9日。

譬如，东北的于老太太就是如此。

在东北某地，有位于姓老太太。这位老太太在她年轻的时候，曾经在县歌舞团当过1年的演员，又在农学院上过3年学。但命运之神并没有垂青她，使她成为明星，成为袁隆平第二，而是将她推到了百货商店的收银台前。

在收银台前，于某自然有着怀才不遇的郁闷。因此，在1982年，她突然变得神经兮兮，逢人就说自己是"仙婆"转世，能为他人化灾解难，治病疗伤。

这实际上是于某为了骗人而编出来的鬼话，但竟有人信以为真。每天"求医问药"者络绎不绝。于某也就更来了精神，每天疯疯癫癫，神魔鬼道，处在半人半鬼之间。

于某的行为引起了有关方面的注意，在她装神弄鬼一年后，当地公安机关将她收容审查了。

在政府的帮助教育下，于某表示要痛改前非，重新做人，并于1983年底从百货商店办理了病退手续。

退休后，于某表面上是安宁了。她养鸡养鸭，料理家务，抚养子女，极尽一个家庭主妇的职责；但她的内心却一刻也没有安宁过，她总是叹息自己的聪明才智没有得到发挥。她仍在幻想着有朝一日出人头地。

1998年，一直希望出人头地的于某盼来了机会。这一天，她在县林业局从事育苗研究的丈夫郑某，捧回一个据说是来自苏联的树苗品种——"大叶金丝垂柳"。

丈夫说，这种树苗经过几年栽培试验已经证明耐受性好、适于大面积栽种，如果培育树种将有很好的市场前景。

丈夫的话，把于某那一颗原本就不安分的心"激活"了。她与丈夫一合计，决定申请成立公司，专门搞树苗栽培推广。说干就干，出名的机会、赚钱的事万万等不得。

于是，由于某出面申请成立了一家种苗有限责任公司。于某任董事长，郑某担当技术支持。

公司成立之后，凭着郑某在林业部门数十年工作建立的关系，还真燃起了"小火苗"。

这"小火苗"有了光亮后，来了一股助燃的"风"。其所在市级日报在一版醒目位置刊登了通讯《于××和她的绿色梦想》，大篇幅报道了"民营企业家"于某矢志林木绿化，造福社会的"动人事迹"。

与此同时，于某和她的大叶金丝垂柳的大幅广告也铺天盖地地出现在国内各大报纸及电视上。"农业扶贫推广项目、'三北'防护林主栽树种、发展前景广阔、经济效益可观、公司负责回收、无风险高回报"的广告词和于某的名字被越来越多的人所熟识。跟于某签订种苗合同的用户也高达数千人。

于某成了不折不扣的名人。什么"育苗种植专家""扶贫先进模范""三八红旗手"甚至"当代世界华人杰出科技专家""中华世纪专家""世界优秀专家人才"这类殊荣也落到了这个年过花甲的老太太身上。

她的身影频频出现在各种农业成果博览会、成功人士推广经验报告会上，人们常常可以看到这位"成功的企业家"站在讲台上慷慨陈词。在苗农的心目中，大叶金丝垂柳就是他们的"绿色银行"，于某就是他们脱贫致富的希望。

然而，苗农们哪里知道于某公司的骗局。等他们清醒了之后，他们发现，所谓"公司负责回收、无风险高回报"只是广告词而已。等待他们的是血本无归。

被欺骗的育苗户之一、沈阳的何女士咬牙切齿地算了一笔账。1999年底她出资19.8万元购买99万株树苗,租地248亩雇人种植,3年里租地、化肥、耕种、雇工等费用高达50余万元,然而3年后换来的却是堆得山一般高卖不出去的种苗。

多行不义必自毙。于某骗得了一时,骗不了永远。2002年1月,犯罪嫌疑人于某及其同伙因涉嫌经济诈骗被抓捕归案。

于某这回是真的"出名"了,她成了臭名昭著的大骗子,等待她的只能是法律的严惩。[1]

(三)自私自利

人不是神,不可能一点私念都没有,不能一点都不追求个人的利益。就连我们改革开放的总设计师邓小平同志还说,不讲多劳多得,不重视物质利益,对少数先进分子可以,对广大群众不行,一段时间可以,长期不行。革命精神是非常宝贵的,没有革命精神就没有革命行动。但是,革命是在物质利益的基础上产生的,如果只讲牺牲精神,不讲物质利益,那就是唯心论。

但是,讲个人物质利益,不能过度。过度的自私自利,人就会变得贪婪,变得贪欲膨胀,从而导致诚信的丧失。

(四)见利忘义

见利忘义是价值观扭曲的另一种表现形式。因为见利忘义,一些人

1.《六旬老妪假卖种苗骗遍十余省市 涉案金额1800多万元》,《京华时报》,2002年6月28日。

惩戒　　　　　　　　　　新华社发　徐骏　作

是只要有利可图，就不顾道义。比如，那些借钱不还者，那些老赖。

有人说，现在借钱人是爷爷，被借人是孙子。你借给他钱，到时候你需要求爷爷告奶奶求他还钱。

据"今日话题"2016年3月3日第3453期报道，截止到2015年底，全国有多达308万名"老赖"纳入"黑名单"。

"老赖"，即我国对欠人钱财却赖着拒不履行法院生效判决的债务人的俗称。

2018年6月17日新浪新闻报道：2017年12月，被告黄兴福用自己的1800平方米的大别墅做抵押，向何某借款650万，两个月归还。但是黄兴福逾期很久没有归还欠款，于是何某向法院申请了房屋拍卖。随后，当地法院以1300万的价格将这栋别墅拍卖。

不过在竞买人竞拍到别墅后，被执行人黄兴福和屋内另两个案外人仍然居住在别墅内，不愿搬走，且态度强硬。竞买人多次催促他们，都遭到暴力抗拒。于是竞买人向法院申请强制执行，法官多次上门责令其搬出房屋，但是都遭到被执行人黄兴福和他的亲戚黄某的激烈反抗。

经过各种手段的拖延，甚至威胁竞买人，在房间里布置了大量液化燃气罐和汽油。一直到2018年6月，竞买人害怕他们与别墅同归于尽，都未能得到这栋别墅的使用权。忍无可忍的法院终于在竞买人的强烈要求下，对该别墅进行强制腾空，强制黄某等人归还别墅使用权给竞买人。

当法院执行局的执行人员来到别墅时，只剩下黄兴福的亲戚黄某和他公司的一个秘书李某在，两个局外人都对这次强制措施表示抗拒。黄某说这栋别墅是他的，他是原房主，他将别墅送给黄兴福，黄兴福用这栋别墅做的抵押他不认。秘书李某也说他们住在这里是老板（黄兴福）吩咐的。

随后，法院武警将黄某和李某强制驱逐，对激烈对抗不愿执行的黄某，进行了拘捕。强制将家具全部搬出，将空房交给实际产权所有者。而黄某等的家具用品，都会放置在执行局指定地点，等被执行人领取。

二、道德标准移位

有人说："在某些明星的字典里，道德这个词已经被急功近利的成名所淹没，丧失道德标准在这个圈子中呈蔓延之势。"[1]

此言不虚。道德标准在艺界一些人的身上已经移位。事实上，道德标准不仅在艺界一些人的身上已经移位，在各行各业、在许多人的身上，都有移位的趋势。

---

1. 张莹：《道德标准》，《齐鲁晚报》，2006年5月18日。

（一）以投机取巧为荣

所谓投机取巧，是指用不正当的手段谋取私利，也指靠小聪明占便宜。很显然，这是一个贬义的成语。

既然是贬义的成语，为人处世就要避免如此。然而，时下有些人却不以为耻，反以为荣。比如某姐的"出名"，就是一个非常典型的例子。

她先是说出雷人的话语："我九岁博览群书，二十岁达到顶峰。我现在都是看社会人文类的书。例如《知音》《故事会》……往前推三百年，往后推三百年，总共六百年没有人超过我。"

接着，这位身高146公分、相貌平平、大专学历的超市收银员开始征婚。并开列了七大条件：北大清华硕士、经济学专业、有国际视野、身高1米76至1米83、无生育历史、东部沿海户籍、年龄25至28岁。

某姐对征婚启事的解释是："聪明是征婚条件中最重要的一条，我阅人无数，少说两三百人，通过我的比较，北大和清华毕业的人比一般人聪明。"

"掌握了经济就掌握了世界。经济学是所有学科中最先进的，管理学次之。我希望将来的另一半能是一个精通经济学的人，这样才能一起打拼创造出美好的未来。"

"我是重庆人，沿海地区离我比较远，这样两人在一起才能比较稳固，比较有新鲜感。"

随后，她又抛出雷人话语："有中国人民银行、花旗银行、渣打银行、汇丰银行、交通银行、中国人寿、友邦保险等金融公司驻中国区首席执行官向我表达爱意，愿意与我结婚，而本人觉得他们年老色衰，说不定今天结婚，明天就死掉了，所以不愿意。"

明眼人一看便知，某姐是借此雷人的话语来投机取巧博取成名。

（二）以弄虚作假为荣

弄虚作假，历来为人所不齿。但时下，有些人却不以为耻，反以为荣。因为他通过弄虚作假取得了利益，获得了好处。于是，就弄虚，就作假，就抄袭。薛某就是如此。

薛某自称为著名青年学者、本科毕业于人大、获北大硕士学位、在美国哈佛读博士学位。

但是，就是这位"哈佛博士"，在他所著的《怎样当二十一世纪的执政领导干部》（××出版社，2005年4月出版）一书中，却大量抄袭别人的成果近10万字。有意思的是，抄袭得还非常拙劣。

从这位薛先生的简历看，他出生于1969年12月，但在他的著作中，有这样一段话：

这三个小窍门都是行之有效的。我女儿1992年入队，老师让她演讲，她就用了第二个小窍门，并取得了成功。她暗示自己是孙校长。我还记得当时的情形：

那是"六一"的前一天中午，我女儿对我说："下午我们要戴红领巾入队宣誓，老师让我代表新入队的同学作演讲。你说我讲什么好呀？"我对她说："这演讲是你讲，又不是我讲，我怎么知道你讲什么好呢？你自己想想吧！"她眨巴眨巴眼睛，想了一会儿，说："我这样讲，你看行不行？"于是，她站到我的面前，神情很庄重地说道：

"今天，我非常高兴，因为我光荣地戴上了红领巾。红领巾是国旗的一角，它是千千万万烈士用鲜血染成的。今后我要好好学习，为红领巾增添光彩！"

听了她的演讲词，我很高兴。但又有一层担心，因为她说："有点害怕。"我又问:"那你怎么办呢?"她想了想说:"我们孙校长每天都在讲台上讲话,我就把我自己当作孙校长。这样我就不会害怕了。"我听她说得很是那么回事。便表扬、鼓励了她几句,就让她上学去了。

女儿走后,我心里却打起了小鼓,担心她到台上讲不出话来。于是,我放下手里的稿子,来到北宫门小学的操场边上,想看看女儿的表现如何。还甭说,她的演讲博得了同学们热烈的掌声。事后,老师对她的这次演讲还赞不绝口。

看了这段文字,不知读者是否发现,1969年出生的人竟然有一个在1992年上小学加入少先队的女儿。就算他早婚,也太离谱了吧?

原来,他的著作中的这段文字,是一字不落地抄袭了我的一本专著的。

(三) 以不良行为为荣

美国有句名言:"要靠做好事成功(doing well by doing good)"。而时下有些人则是专靠做坏事成名。例如,"某明星为了吸引更多的眼球,把自己去监狱作报告硬是炒作成了自己嫖娼入狱。"

我在网络论坛上,曾经看到过一位网友的留言。这位网友说:"现在有很多人都不要脸了,还有什么脸红?连嫖娼卖淫都不以为耻,反而为荣。"

嫖娼卖淫,是历来为人所唾弃的违法不良行为。但时下,有的人是不以这种行为为耻,反而为荣。如果说某明星是为了出名,那钟某则是以此为荣。

钟某是江西省瑞金市旅游局主持工作的原副局长,在2011年5月的一次酒宴上,他口出狂言:瑞金市正科级以上的干部谁敢承认自己带伙计(当地土话,带伙计指包养情人)?我就敢承认,你们敢吗?被问的瑞金市旅游局干部和旅行社经理、导游、演员一干人等一片哑然。

看到这样的话语，我也"哑然"。

三、虚荣心理作祟

英国的菲尔丁在《〈约瑟夫·安德路斯〉序言》中说过这样一句话："虚荣促使我们装扮成不是我们本来的面目以赢得别人的赞许。"

这话说得真是一针见血。纵观那些不讲诚信者之行为，有许多也是因为爱慕虚荣而造成的。

（一）不惜脸上贴金

有的人为了满足自己的虚荣心，不惜往自己的脸上贴金。没上过大学的，说自己是本科毕业；读过本科的，说自己是研究生；在国外上的是社区大学，回国后却硬说自己是哈佛毕业；在公司打杂的，对外宣称是部门经理；当的是部门经理，却告诉他人自己是公司总裁；花了20元钱在小摊上买了件假冒名牌衬衫，别人问起，则说是在某商城买的正宗进口货。事实上，这种说谎行为在社会生活中屡见不鲜。我就曾经领教过这样一位说谎者。

事情发生在1996年。当时，我家里还没有计算机，写出的文稿要拿到打印社去打印。

这一天，我来到一家打印社，准备将手写的稿件用计算机打印出来。在等待打印的过程中，我与打印社的小老板聊了一会儿天。

小老板告诉我，他原来在一家经济报社工作，因为看不惯报社老总的做派，一气之下辞职了，办了这个打印社。

听了小老板的话,我不由得佩服他的勇气。要知道不是谁都能有勇气放弃无冕之王桂冠的。

我正佩服着呢,小老板又说出了一番让我赞叹不已、敬佩有加的话来:"我是北大中文系毕业的。"

"北大中文系毕业的?那咱们可是系友啊!"我语调中有惊讶,有欣喜。

因为是系友,我就高兴地与他聊了起来。聊着聊着,我觉得不大对头。因为他告诉我,他特别喜欢听王力先生的课。

他听王力先生的课,岂不是见鬼?按他所说的上北大的时间,王力先生早已仙逝,他到哪儿去听王力先生的课?即使是我在北京大学中文系读书的年月,王力先生也早已不给本科生讲课了。

他还告诉我,他的岳父曾经当过北京海淀区公安局的副局长。

后来,我了解到,他根本没有上过任何大学,更甭说是北大中文系毕业了。他只是外地来京的打工者。而他岳父的所谓公安局副局长之职,原来是村里的治保主任。

说到"不惜脸上贴金",也不能不提唐骏。唐骏曾经是中国最出名的职业经理人,著有《我的成功可以复制》一书。在书中,他自称获得美国加州理工学院博士学位。然而,著名学术打假人方舟子揭露:"唐骏不仅学历假,他的自传80%也都是虚假的,跟真正的留学生活相差甚远。"[1]

有记者问方舟子:"那么,你认为这样一个人是如何在微软取得成功的呢?"

---

1. 《方舟子称唐骏自传80% 造假 反映社会诚信问题》,《法制晚报》(北京),2010年7月10日。

方舟子回答:"唐骏一开始去微软只是做一个程序员,这靠他在北邮和日本名古屋大学的学历就完全可以了,他的这两个学历是没问题的,但都不是博士,他的假学历西太平洋大学的博士学历是做管理层后才买的。

"此外,我并不认为唐骏在微软取得了什么成功,这完全是唐骏利用媒体炒作出来的。

"因为按照当时唐骏在微软的中国区总裁职位来看,只能算微软全球范围内的一个中层管理人员,但当时微软在中国媒体眼中太过于崇高,以至于唐骏用了这一点利用媒体抬高身价,并且满嘴没边的话,说什么比尔·盖茨要挽留他,通过我的调查,比尔·盖茨根本都没见过唐骏几次,何谈挽留。"[1]

无疑,唐骏曾经很有名,但现在已经名誉扫地。记者问方舟子:"你对唐骏未来的前途怎么看?"

方舟子告诉记者:"如果是在西方,那么唐骏肯定彻底完蛋,不可能再有一个雇主会雇用他。但他现在是在中国,他甚至现在还有时间和精力在背后做公关行为,试图抹掉一切证据。他短时间内可能不会丢掉工作,但他肯定会就此收敛很多,起码不会再在公众面前说一些不着调的话。"[2]

(二)不惜大话包装

法国著名思想家柏格森说过:"虚荣心很难说是一种恶行,然而一切恶行都围绕虚荣心而生,都不过是满足虚荣心的手段。"

---

1. 《方舟子称唐骏自传80%造假 反映社会诚信问题》,《法制晚报》(北京),2010年7月10日。
2. 同上。

说大话，就是满足虚荣心的一种手段。别人不敢应承的事，他敢满口应承；别人说做不了的事，他敢说这只是小事一桩。反正是什么事都难不倒他，什么事他都能办。而牛皮吹过之后，就没有下文了。

仅仅是吹吹牛皮还好，若是有人拿着棒槌就当针，问题可能就来了。记得某报曾经报道过这样一件事：

王某到岳父家做客，正赶上女朋友的表哥因为一点儿小事和邻居闹起了官司。表哥让人给告上了法庭。

王某为了显示自己有能力，交际面广，便对女朋友的表哥说："这是小事一桩，我有个哥们儿在法院工作。我跟他通通气，就都摆平了。"

表哥一听，愁脸变成了笑脸。岳父、岳母也是喜上眉梢，觉得自己的准姑爷可真是个人物。

为了表示自己的诚意，表哥拿出钱来，让王某打点时用。王某推辞了一下，就笑纳了。

事实上，王某哪里有什么哥们儿在法院工作。他只不过是顺嘴说大话而已。

但当他笑纳了表哥的钱后，他尝到了说大话的"甜头"。于是，就一发而不可收，走上了犯罪的道路。仅几个月的时间，他就从表哥那儿骗了八万余元。

结果，不用说，是一副手铐使他结束了诈骗行径。

四、失信成本过低

失信成本，是指行为主体因为失信行为而付出的代价。它主要包括道德成本、经济成本和法律成本。

当下的社会为什么缺乏诚信？除了我们上面所谈到的几种原因外，我认为，还有一个非常重要的原因，就是失信成本过低。

因为我国社会失信成本过低，从而导致了当下社会严重的失信问题。

（一）道德谴责力度不够

毫不避讳地讲，我们国人的信用意识、契约精神比较淡薄，整个社会还没有形成良好的诚信氛围。正因为如此，人们对失信行为司空见惯，不认为它是过街老鼠，应该人人喊打。从古至今都是如此。曹操"割发代首"就是其中一个非常典型的故事。

建安三年夏四月，曹操率领大军攻打张绣。此时，恰逢麦子熟了。但是，沿途的老百姓因为大兵来到，而纷纷逃避，不敢下田割麦子。

曹操见此情形，便申明军法："大小将校，凡过麦田，但有践踏者，并皆斩首。"

军令一下，官军经过麦田，皆下马以手扶麦，递相传送而过，并不敢践踏。

谁料，曹操乘马向前走的时候，惊起了麦田里的一只大鸟。曹操的坐骑眼生，突然窜到麦田里，践踏坏了一大块麦田。

曹操立刻叫来行军主簿，让他草拟自己践踏麦田的罪责。主簿对他说："丞相岂可议罪？"

曹操回答说："我自己制定的法规，我自己触犯了它，如果我不受处罚，怎么能让其他人服从？"于是，他拔出剑来，就要自刎。众人急忙把他救了下来。

这时，郭嘉对他说："《春秋》有'法不加于尊'的古训。丞相总统大军，岂可自戕？"

曹操思考了好久，然后说道："既然《春秋》有'法不加于尊'的古训，我姑且免自己一死。"

于是，他便用剑割下了自己的头发，扔到地上说："割发权代首。"

随之，他让人拿着自己的头发晓喻三军："丞相践麦，本当斩首号令，今割发以代。"于是，三军悚然，无不禀遵军令。

这个故事本是讲曹操治军严格，并且带头遵守法令。但我们深入分析，却会发现，"割发权代首"实质上是一个失信的行为。对这种失信的行为，千百年来不仅没有受到严厉的道德谴责，相反还成了"佳话"。

（二）经济处罚力度不重

行为主体在面临失信还是诚信的选择时，除了算道德成本，还会算经济成本。2011年年初以来，家乐福超市涉嫌价格欺诈的问题引起了人们的广泛关注。

国家发展和改革委员会价格监督检查司副司长陈志江说："经查实，家乐福在一些城市的超市的确存在虚构原价、低价招徕顾客高价结算、不履行价格承诺、误导性价格标示等欺诈行为。"[1]

其实，我们稍加留意，就不难发现，近些年来著名外企在我国的违法行为，不止家乐福一家。沃尔玛、朗讯、西门子、德普、IBM、雅芳、摩根士丹利等一些大名鼎鼎的公司，都曾经身陷违法丑闻。

人们不禁要问：家乐福在法国为什么没有听说有价格欺诈行为，而到了中国就搞价格欺诈？为什么一些在本土本分守法的企业到中国就变质

---

1. 江国成、雷敏、俞丽虹：《家乐福涉价格欺诈续：千份举报引发物价部门查处》，新华网，2011年1月28日。

了呢？

答案是，国外的经济处罚严厉。此次的家乐福价格欺诈，只是被处罚区区 50 万元人民币，而在法国是远不止这些的。"同样是在华违法，2004 年，朗讯公司因为商业贿赂被美国司法部和美国证券交易委员会罚以 250 万美元；2008 年，西门子公司因为商业贿赂，支付了 13 亿美元的罚金。"[1]

（三）法律制裁力度不强

市场经济是信用经济，也是法制经济。信用需要法制来作保障。

市场经济以来，虽然我们在法制建设上做了大量的工作，保证了市场经济的高速运行。但不可否认，在市场经济的健康运行方面，我们的法律制度保障功能还没有完全到位。失信违法者还不能受到法律的惩治或惩治力度不强。我曾经看到过这样一个故事：

20 世纪 60 年代的一天，著名经济学家贝克尔驱车前往一所大学去参加一个学生的经济理论口试。

因为路上耽误了一些时间，快到大学门口时，离开试时间仅剩几分钟。他面临一个选择：如果把车停在停车场，肯定要迟到；而如果非法将车停在街道边，可以节省时间，但面临被交警罚款的风险。

怎么办？贝克尔在思考：首先，当时的法律并未很严格地区分临时停车还是正式停车，而临时停车并不违法；其次，交警很少到这一区域巡逻，即使被发现，罚款数额并不大。

最后，他决定将车非法停在路边。结果，他没有被惩罚。于是，他

---

[1]. 范正伟：《50 万处罚能杜绝家乐福"价格欺诈"吗》，人民网，2011 年 1 月 29 日。

得出了这样的结论：

"一旦当事人有这样的预期，当制度有空子可钻，而且制度被执行的力度很低，即使执行了给当事人造成的成本也很低时，他肯定会选择违法。而反过来，当制度非常健全，执行制度很严格，当事人一旦选择违法面临的惩罚远超过其违法所得时，他就不敢选择违法了。"

通过贝克尔的结论，我们也可以给出这样的观点：行为主体在做失信还是诚信选择时，是要算成本的。

当自身的失信成本低于失信收益，失信行为有利可图的时候，行为主体就有可能选择失信行为，放弃诚信做法；当自身的失信成本高于失信收益，失信行为无利可图，并可能因之而带来损失、遭到谴责、受到处罚的时候，行为主体就会放弃失信行为。

第三章

诚信的分量比五岳还重

诚信是中华民族的传统美德。它虽然无形,但它的价值却是无可估量的。大诗人李白在他所写的《侠客行》中,曾经用"三杯吐然诺,五岳倒为轻"这样生动的诗句,来形容"诚信"的分量比五岳还重。

一、诚信的价值无可估量

什么是诚信？诚信，就是诚实守信。诚实，就是实事求是，不说假话，不说大话，不说空话，真实不欺；守信，就是说话算数，讲信誉，重信用，不逃避自己所应承担的责任和义务。

"诚信"这一概念的答案，在语言学中的解释虽然很简单，但在社会生活中，人们却赋予了它无数多的内涵和外延。

（一）诚信是最高尚的人格力量

在写下这个小标题之后，我自然地想起了"诚信林"的故事：

1996年8月，一场交通事故让辽宁省营口大石桥市金屯村的张凤毕一家背上了13万元的债务。

为了还清债务，张家变卖了所有能变卖的家产，又向亲朋好友借了一些钱，终于在法院规定之日的前一天，将13万元钱交到了执行庭。

张家因此而变得一无所有。全家只好搬到了10年前承包的一块荒山上。山上没水没电，张家就过起了点着煤油灯，到山下挑水吃的生活；没有房子，张家老两口就用土和捡来的木板搭起了"新"家。

为了还清欠亲朋好友的钱款，张凤毕决定带领家人在荒山上种树，等树长大后还债。他一口气种了1000多棵树。山上没有水，他就每天往返三四十趟，下山拉水浇树。

张凤毕的故事经媒体报道后，感动了营口的市民。2004年4月10日，张凤毕家承包的80亩荒山上，人头攒动。

1000多名市民、中小学生、机关企事业单位干部职工、公安交警，拿着铁锹、水桶,到这儿挖坑、担水、种树,民革辽宁省委员会专门为张凤毕家打了一眼64米深的井。

张凤毕一家人忙得不亦乐乎,在人群当中走来走去,端茶、倒水、递毛巾。

张凤毕说,这是我们家出事以后最快乐的一天。为弘扬张凤毕一家的诚信之举,人们在林子边立了一块碑,上刻三个遒劲的大字:"诚信林"。[1]

是什么力量把这1000多人聚集到张凤毕承包的荒山上?是诚信的人格力量。

事实证明,一个具有诚信品质的人,才能得到他人的赏识和信任;一个具有诚信品质的领导者,才能受到人民群众的信赖和追随。

彭德怀同志之所以能受人敬重,就是因为他有着诚信的高尚品质。他对党、对人民忠诚老实,从不隐瞒自己的观点。只要对党、对人民有利的话,他就敢讲,而且具有"五不怕精神":不怕杀头、不怕坐牢、不怕撤职、不怕开除党籍、不怕老婆离婚。

他曾经指着茄子秧对侄女说:"茄子不开虚花,小孩不说假话。我这个老头就像小孩不说假话。"

彭德怀从来不说假话。尽管他为此付出了沉重的代价,但他始终坚持不说假话。

中央党校原校长杨献珍同志曾经赞扬他是:"目不随人视,耳不随人听,口不随人语,鼻不随人气",具有"'宁可找到一个因果的解释,不愿获得一个波斯王位'的气质"。

杨献珍同志对彭德怀同志的这种评价,是最公允的,也是最恰当的。

---

[1] 毕玉才、刘勇:《心中,一片"诚信林"》,《光明日报》,2011年7月15日。

美国著名心理学家兼作家艾琳·卡瑟拉说过:"诚实是力量的一种象征,它显示着一个人的高度自重和内心的安全感与尊严感。"

(二)诚信是最安全的处世之道

俄国著名生物学家巴甫洛夫曾说过:"为了描写人类的内心世界,上百万页著作曾经被完成,但是结果怎样呢?直到现在,我们并没有人类心理生活的规律。'另外一个人的灵魂是一个谜',这句格言直到现在还是真实的。"

当我们面对着一个一个谜一样的"灵魂",我们怎样去与他们沟通相处呢?诚信可以为我们打开一条最安全的处世之道。对此,日本当代企业界巨头松下幸之助在谈到他的经营哲学时说过这样一席话:

"在我们每天的生活中,不要为了显扬自我而说些冠冕堂皇的话,为自己的言行做各种粉饰。这种要求看起来容易,实行起来却不简单。尤其是利禄之心较重的人,更喜欢处处显得自己比别人强。然而,每个人的禀赋不同,虽然极尽各种掩饰之法,也无法隐瞒自我本色。虚饰的外壳很快就会脱落,甚至会因此而信誉扫地,我认为诚信是一条最安全的处世之道。"

这实际上是松下幸之助自身生活、经营经验的总结。他就是靠着"诚信"结交了许许多多的朋友,并使自己的企业不断发展壮大,并成为世界著名的企业,使自己成为家喻户晓的商业奇才的。

常言道:"人心换人心。"你诚心诚意地对待别人,别人也会诚心诚意地对待你,并愿意与你交往。如果你跟别人玩虚的,并让人看出了破绽，别人就会对你疏而远之。所以说，诚信是一条最安全的处世之道。

（三）诚信是最宝贵的无形资产

李嘉诚是香港的首富。有人曾经向他请教成功的经验。他回答说："诚！"他还经常对人讲："我绝不同意为了成功而不择手段，如果这样，即使侥幸略有所得，也必不能长久。"

诚信，是最宝贵的无形资产。李嘉诚之所以能成为香港首富，就是源于他的诚信。李嘉诚在商界驰骋，是从生产塑胶花开始的。

当初，有一位外商想大量订货。为确证李嘉诚有足够的供货能力，外商提出，必须有资金雄厚的厂家作担保。

这对于白手起家、没有背景的李嘉诚来说，无疑是一件难事。他奔波了多日，也没有一家企业愿意为他担保。于是，他如实地把情况告诉了外商。

李嘉诚的诚实让外商很受感动。他告诉李嘉诚："你的诚实，就是最好的'担保'，我们可以签约。"

没想到，李嘉诚谢绝了外商的好意。他对外商说："我很荣幸受到先生的信任，但我资金有限，一时无法完成您这么多的订货。所以，我遗憾地表示，不能与你签约。"

李嘉诚的诚实，深深打动了外商。他决定预付货款，为李嘉诚扩大生产提供资金。

在外商的鼎力相助下，李嘉诚不仅扩大了生产规模，也拓宽了销路，他由此而发展成为著名的塑胶花大王。

二、诚信是用之不竭的宝藏

有人说："诚信值千金。"实际上，诚信的价值是无法用金钱来量化的。如果你持之以恒地践行它，一丝不苟地经营它，它会成为你取之不尽、用之不竭的宝藏。

（一）打造金字招牌的途径

莎士比亚说："无瑕的名誉是世间最纯粹的珍宝；失去了名誉，人类不过是一些镀金的粪土，染色的泥块。"

这无瑕的名誉，就是一块金字招牌。经商的人有了它，财富的大门

共同财富　　　　　　　　　　　　　　　　　新华社发　曹一　作

就会为他敞开;从政的人有了它,仕途的阶梯就会为他铺就;一般的人有了它,顺利的道路就会为他打开。

那么,如何打造这块金字招牌呢?诚实守信,就是一条最重要的途径。

在甘肃省陇南市文县碧口镇,51岁的郭文平已经经销茶叶20多年,因为诚实守信,被大家亲切地称呼为"诚信茶大叔"。最近,他正忙着谋划,想通过电子商务,把家乡小镇的优质土特产和美丽乡村景色推销出去。

这不是他第一次有这种想法。2017年夏季他已经实施了一个电商众筹扶贫项目,通过网络帮助151户贫困户销售他们种植的绿茶,参与众筹的网民被邀请到他的家乡休闲观光。不到两个多月时间便实现了众筹百万元的目标。

看上去一脸憨厚的他,为何如此熟悉电商、众筹这样的互联网新事物呢?郭文平说他最初的想法来自十年前。[1]

郭文平用诚信给自己树立了"诚信茶大叔"这块金字招牌。正因为有了这块金字招牌,他才能获得别人的信任,"不到两个多月时间便实现了众筹百万元的目标"。

(二)诚信是双方合作的定心丸

一个人、一个企业怎样才能获得他人的信赖?可以获得他人信赖的因素很多,比如说,正直、善良,等等。但我认为,最根本的,则是"诚信"。

在一项问卷调查中,当问及双方合作的基础是什么的时候,有96.5%的人回答是"诚信"。下面的故事为这一数字做了形象的阐释:

---

1. 任卫东、屠国玺、成欣:《"诚信茶大叔"的互联网助贫梦》,新华网,2018年6月29日。

有一位自称为一家大运输公司汽车司机的顾客，走进了一家汽车维修店。

他对维修店的店主说："你在给我的车修好之后，在账单上多写点费用，我给你回扣。"

店主说："是多少钱，我就给你开多少钱，我一分也不会给你多开。"

"我的生意不算小。而且你照我说的做，我会常来的。你肯定会多赚很多钱的。"顾客说。

店主告诉他："这种事，你就是给我多少钱，我也不会去做的。"

顾客恼怒地喊道："这种事大家都会干的，我看你真是太傻了。"

店主也火了。他命令那位顾客："你给我马上离开，到别处去谈这种生意去！"

这时，就见那位顾客满面笑容并深怀敬意地握着店主的手说："我是运输公司的老板。我一直在寻找一家信得过的维修店，来作为我们公司固定的维修点。今天我终于找到了。"

很显然，是诚信，让这家维修店的店主获得了运输公司老板的信赖。

（三）诚信是企业的最强竞争力

北京的"同仁堂"为什么能历经三百余年的风雨而依然屹立不倒？挂在同仁堂药店里和车间中的"炮制虽繁，必不敢省人工；品味虽贵，必不敢减物力"之训规，就是答案。

是"诚信"，让这家三百余年的老店依然焕发着青春，并成为国药的第一品牌。

山东的"海尔集团"为什么能跻身世界五百强而至今风光无限？其著名的广告语："真诚到永远"，给予了最好的回答。

海尔总裁张瑞敏对此解释说:"一个企业要永续经营,首先要得到社会的承认、用户的承认。企业对用户真诚到永远,才有用户、社会对企业的回报,才能保证企业向前发展。"

由此可见,诚信,是企业的最强竞争力,是企业立于不败之地的保障。

随着经济的迅猛发展,企业间的竞争越来越趋激烈。企业要想在市场经济的激烈竞争中立于不败之地,必须遵守诚信的市场规则。

从一定意义上说,诚信是企业最强的竞争力。拥有诚信,企业才会树立良好的形象,才能得到消费者的信任,也才能在商海中占有一席之地。失去诚信,小到一个摊铺,大到一家企业,都很难生存下去。

三、诚信是不可亵渎的神灵

诚信虽然无形、无价,但谁都不可亵渎它。谁亵渎了它,谁就会受到严厉的惩罚。

(一)亵渎诚信,国将不国

诚信对于国家生存发展的重要性,早在两千多年前,人们就已经认识到了。

一天,子贡问他的老师孔子,如何治国理政?孔子告诉他:"粮食充沛,军备充足,老百姓对执政者的信任。"

子贡接着问:"如果不得已要去掉一项,那么,在这三项之中要先去掉哪一项呢?"孔子回答说:"去掉军备。"

子贡又问:"如果不得已再去掉一项,那么,这两项之中去掉哪一项呢?"孔子告诉他:"去掉粮食。因为自古以来人总是要死的。但是,如果老百姓对执政者不能信任，那么，国家将不存在了。"

这个故事记载在《论语·颜渊篇第十二》中。由孔子的回答不难看出，孔子认为，治国理政，有三个最起码的条件：一是军备；二是粮食；三是百姓对执政者的信任。而在这三个最起码的条件之中，老百姓对执政者的信任至关重要。

圣人就是圣人，一说话就能说到问题的关键处。这段话其实与"水能载舟，亦能覆舟"，有着异曲同工之效。老百姓如果不能信任执政者，他们怎么能去追随、支持执政者？而执政者如果没有老百姓的追随、支持，又怎么能去实现执政目标？

老百姓如何才能信任执政者？要素很多，但诚信是一个关键的要素。如果执政者说的一套，做的是另一套，承诺的也不兑现，老百姓如何才能信任执政者？

周幽王有个宠妃叫褒姒。褒姒生性不爱笑，幽王为取悦褒姒，举烽火召集诸侯。按照约定，举烽火，是寇匪来犯，各诸侯要来参战。但各诸侯匆忙赶到，却发现没有寇匪来侵犯。他们只好疲惫地退回。

后来，申后之父联络曾侯及犬戎入侵，周幽王举烽火示警，诸侯以为又是骗局而不愿前往，致使幽王被犬戎所弑，褒姒亦被劫掳。

这个"烽火戏诸侯"的故事充分说明，诚信在治理国家、管理社会中的重要作用。

一个政府如果没有起码的诚信，它所颁布的每一项政令、所设立的每一项制度都将没有任何的权威性。那么，这样的国家和政府将失去民心和凝聚力，最终不能长久地存在下去。

正因为如此，先秦时期，商鞅变法，先要"立木取信"。三国时，诸葛亮为了让众将士相信军法的权威，真正做到令行禁止，虽主观上极不情愿,但还是要"挥泪斩马谡"。

古代社会尚且如此,现代国家更应该坚守诚信,用诚信来赢得人民群众的信任与支持,赢得国与国之间的政治、经济、文化的合作交往。

邓小平同志在开展外交工作时,对国与国之间的诚信外交高度重视,并在行动中加以体现。

邓小平在和英国政府就香港问题展开谈判时,多次表明中国人民是诚实守信的,他还多次向世界各国人民重申:中国"是个值得信任的国家,是讲信用的,我们说话是算数的"。1984年,当他与来访的英国首相撒切尔夫人在会谈时提到运用"一国两制"解决香港问题时进一步指出:"人们担心中国在签署这个协议后,是否能始终如一地执行。我们不仅要告诉阁下和在座的英国朋友,也要告诉全世界的人:中国是信守自己的诺言的。"[1]

香港的成功回归以及其后香港的持续稳定、繁荣昌盛、继续向前发展的事实也充分证明了邓小平同志诚信外交的意义与作用。正是我国在对外交往中以诚信为本,才赢得了世界各国人民的普遍尊重和信任,才使得如今的中国拥有良好的国际地位和国际声誉。

(二)亵渎诚信,身败名裂

俗话说:"要想人不知,除非己莫为。"俗话还说:"纸里包不住火。"

这些话都是劝诫人们不要暗地里做坏事,不要暗地里做对不起良心的事。即使你以为做得神不知、鬼不觉,到头来也有暴露的那一天。一旦他的骗术暴露于天下,他必然是身败名裂。这方面的例子可以说是屡

---

1. 《邓小平文选(第三卷)》,人民出版社,1993:102。

见不鲜，而且还具有全球性。美国奥委会主席鲍德温女士，就是因为假学历而下台的。

2000年12月，鲍德温女士当选为美国奥委会主席。鲍德温本是亚利桑那州凤凰城的一位英语教师和房产经销商。她从20世纪60年代起，就投身于美国奥委会的工作，担任过美国奥委会董事和财务总管之职，1996年后出任副主席。对美国奥委会确实有过不小的贡献。然而，她却因为假学历的问题栽了个大跟头。

据美国奥委会官方人士称，鲍德温在履历上写着1962年毕业于科罗拉多大学，获英语学士学位，1967年获得亚利桑那州立大学美国文学博士学位。

对于履历上的登记，人们从来没有提出过疑问。但在2001年的某一天，情况有了改变。

那一天，鲍德温应邀回母校科罗拉多大学演讲。她的演讲内容深深地打动了在校的大学生们。《科罗拉多报》记者多利·佩格拉想为这位受人尊敬的老校友写一篇文章，介绍她的经历和取得的成就。结果，他一查资料却发现，科罗拉多大学的数据库里根本就没有鲍德温的名字，也没有她的毕业记录。

原来，鲍德温在1959年就离开了科罗拉多，并在1962年毕业于亚利桑那州立大学。她在该校读了硕士，但没有完成论文答辩，更没有拿到博士学位。

出事后，鲍德温态度倒是很诚恳。她不仅马上承认此事，承担全部责任，而且立即辞职。

她还开诚布公地说："我总是想出人头地。有人说我对自己期望太高，看来确实如此。我做了蠢事。"[1]

（三）亵渎诚信，人将不人

一个人如果对别人失信，别人也会对他失信，最终他会为失信而遭受灭顶之灾。《郁离子》一书就记载过一则因为失信而丢掉性命的故事：

在济阳，有个商人过河时，因为风大船翻而掉进了水里。他抓住一捆大麻秆，高声呼救。

一位渔夫听到呼救声，赶忙过来救他。商人保命心切，见有人来救，便许诺说："我是济阳的富翁，你若能把我救上岸，我给你100两金子。"

渔夫把商人救上了岸，可商人只给了他10两金子。渔夫问他说："你不是说给我100两金子吗，怎么只给我10两？"

商人听了他的问话，马上变了脸，回答他说："你一个打渔的，一天能打几条鱼，能赚几个钱，突然得到10两金子还不知足？"

渔夫很不高兴地走了。过了些日子，那位商人乘船渡河时，船触了礁，慢慢地往下沉。

正巧，先前救他的渔夫正在不远处。于是，他又大声呼救。渔夫一见是那位说话不算数的商人，就停住了船，不理他。结果，商人掉进河里淹死了。

渔夫见死不救，自然应该受到谴责。但商人遭此恶果，也是自己不守信的缘故。

这个故事的结局无非是告诉人们，要诚实守信，否则，绝没有好下场。因为"失信是失败者的墓志铭"。

---

1. 何洪泽：《女主席因假学历下台》，《环球时报》，2002年5月30日第二版。

（四）亵渎诚信，失意孤独

曾被誉为"东方犹太人"的潮汕人，在改革开放之初，就曾经因为失信而成为中国生意市场上最为失意和孤独的人群。

潮汕地区是我国三大著名侨乡之一，聪明勤劳的潮汕人素以擅长经商而举世闻名，被人誉为"东方的犹太人"。

然而，改革开放之初，一些有着经商传统的潮汕人为了快速致富，竟想出了"精明"的致富主意。他们猖狂走私造假，疯狂偷税骗税，疯狂逃废债务。

这种失信的行为使得那时候的当地社会经济秩序处于极端混乱之中。在外地人眼里，潮汕货成了"假冒伪劣"的同义语，潮汕人成了"坑蒙拐骗"的代名词。

不能怪外地人这样看潮汕人。潮汕人这种"形象"是他们自己树立的。

改革开放初期，潮阳市峡山镇一度成为走私品的集散地。2001年，潮阳的胪岗镇、潮州的饶平被发现是两个制贩假烟的"黑据点"。1999年以来广东地区假币大案、要案有所增加。据公安部门反映，这些假币的源头基本上来自台湾，贩假窝点集中在汕头、汕尾等沿海地区。

不仅如此，潮汕还曾发生过我国历史上最严重的系列骗税案。从2000年8月开始，国务院工作组进驻潮阳、普宁。不法企业骗取出口退税案的盖子被揭开后，人们看到了一个巨大的黑洞：在过去几年里，潮阳、普宁1000多家出口企业，98%以上存在违法犯罪。据不完全统计，他们共虚开增值税发票8.8万本，虚开税额223亿元，涉嫌骗税42亿元。

这种疯狂造假的直接后果，是人们不愿意再与潮汕人有生意来往。潮汕地区经济中诚信的缺失已经严重损害了潮商的整体声誉，危及全体潮商的生存发展。有18个地区向所属企业发了通知，提出不和汕头、潮阳做生意。湖北某市有一条街,历来无假货,有一段时间赫然打出一副招牌:"此地无潮货。"有的商店干脆贴出"本店不卖潮货"的海报。

一家较有名气的化妆品公司,每年花数千万元做广告,但就是不愿把具体厂址"潮阳"打出来,而写成"汕头经济特区广汕公路旁"。因为这家公司知道,如果把具体厂址打出来,十有八九没有人能来与他们谈生意。

败坏的形象,恶化的投资环境,使外来投资者望而却步,已来的投资者人心思迁。据统计,因投资环境问题迁走的企业达1200多家。地方经济因此遭受重创,各项指标严重滑坡。2001年第一季度,汕头市GDP仅增长1%,增速列全省21个地级以上市的倒数第一。市民们说:"汕头已经到了最危险的时候。"[1]

我还听说过这样一个故事:有位中国学生在德国留学,并以优异的成绩毕业。毕业后,他便在德国寻找工作,想在那里干一番事业。

他本以为自己学习成绩优异,找工作如同囊中取物。谁知,他拜访了多家大公司,都被委婉地拒之门外。无奈,他只好到一家小公司去应聘,以为这回不会碰壁了。

结果,这家小公司虽然小,但也不聘用他,仍然像前几家大公司一样,礼貌地拒绝了他。

这位留学生很是恼火。他以为是德国的公司在搞种族歧视。于是,便声称要控告。

小公司的管理者见此情形,低声地对他说:"先生,请您冷静些。我们去另外的房间谈好吗?"

---

1. 陈智峰:《潮商退"潮"》,《中国商界》,2002年8月。

这位留学生跟随着德国公司的管理者来到了另外的房间。管理者请情绪激愤的他坐下,并为他倒了一杯水,然后从一个口袋里抽出一张纸,让他过目。

他拿起那张纸,只见上面记录着他乘坐公共汽车 3 次逃票的事实。

看着这一记录,留学生更加气愤:"真是小题大做。不就是几张车票吗?"

因为逃几张票而被拒之于公司的大门外,在我们没有诚信意识的一些国人看来,的确是小题大做。但对办事严谨、严守诚信的德国人来说,乘坐公共汽车逃票,则不是一个小问题:一个人如果连蝇头小利都不放过,那么,还能指望他对公司的信誉负责吗?

由此可见,诚信缺失者虽然能得逞于一时,但不能得逞于永久。当他的失信行为被人所了解时,他的骗局被人戳穿时,他的麻烦也就来了。

看来,一个人、一家企业对别人失信,就会失去别人对他的信任,久而久之,他就成了孤家寡人。

第四章

为人处世诚信始

鲁迅先生说："人生识字糊涂始。"这里，我套用鲁迅先生的话来讲："为人处世诚信始。"

为什么"为人处世"要"诚信始"？因为"诚信"是一个人的立身处世之本，是人之所以为人的一种重要品德。

第四章

古火蜥出现前

一、人先信而后求能

古人云:"人先信而后求能。"这句话的意思是说,对于一个人来说,为人处世首先应该讲诚信,然后,再论及他的本领如何。为人处世为什么要这么看重诚信?

(一)诚信是相互合作的基础

在现代化社会,人与人之间的合作是必须的。但合作需要有基础,诚信就是一个重要的基础。

合作者如果有一方不遵守诚信,合作就无法继续下去。关于这一道理,有许多明白人士。清华大学毕业生陈耀文就是这样一位明白人。

不知读者是否还记得,在 2001 年 4 月 28 日的《中国青年报》上,曾经登载了该报记者刘畅所撰写的《以诚信招聘老板》一文。文章记叙了陈耀文的招聘情况。其内容如下:

日前,《北京人才市场报》刊登了一则特殊广告——

姓名:陈耀文;

年龄:32 岁;

专业学历:1992 年毕业于清华大学;

主要工作经历:本人多年从事 IT 行业的研究与开发,积累了丰富的管理经验。本人在多年的工作中认识到,目前人才市场对人才的需求过于片面,往往只看中人的学历和技术能力,而忽视一个人最根本的东西:道德水准、诚实可信以及灵感和创新精神。因此,本人愿意以全新的人才观念亲身经历一次求职过程,寻求志同道合的企业经营者并为其工作,以此唤醒社会对人才的重新认识。

本人特点：至诚至信，思维敏锐，勇于创新。

对企业的要求：1、企业的理念是富国强民；2、企业的文化是中国特色；3、企业精神是爱人、信誉、创新。

该广告刊出后，立即在社会上引起广泛关注。4月22日，记者按广告上的线索，找到了陈耀文。仅仅一天"招聘老板"的经历，让这个以"诚信精神"选老板的年轻人感到好像在大海中游泳："尚未看到诚信精神在企业老板的眼里有多重要。"

陈耀文，1992年从清华大学工程物理系毕业后，到辽宁鞍山一家国企工作。1996年，他开始与人合作，承包一些自动化控制工程项目。1998年，他到北京人才市场，想找一个理想的工作，但没有找到合适的职位。

陈耀文在找工作过程中逐步体会到"诚信精神"对于大学生和企业的重要性。他对记者说，人的诚信需要自己的品德和操守，但也需要企业提供诚信的环境，企业文化要培养人的诚信素质和诚信精神。

4月11日，他花了150元钱，要求在北京人才市场上"招聘老板"。

仅4月21日当天，就有7家企业的老板向他抛出"绣球"。当天上午10时，他与自己招聘的第一个"老板"见了面。这是一家建筑企业，地点在房山区。

陈耀文强调：因为是我招聘他，所以要由我来问问题，他说此举是"为了摆脱以往老板招聘员工的'不平等性'"。

一天下来，陈耀文与招聘的好几家"老板"见了面，让他有些失望的是，不少老板急功近利的思想很重，对于诚信理念没有自己的见解和追求，令他不满意。

4月22日，星期日，他给自己放假一天。以后，他将对更多的老板进行"招聘"，他说希望自己能够找到"知音"。"我就是要把诚信精神带到与自己志同道合的企业中去。"

对于陈耀文的"招聘"，读者也许有自己的想法，或许会认为他是在给自己做广告，"卖"自己；或许会认为他是故弄玄虚，炒作自己。但我认为，我们虽然无法探知陈耀文的内心世界，但对他的"招聘"目的和动机，还是不应该怀疑的。他真诚地希望与一位讲诚信的老板合作；他真诚地希望全社会都能够关注诚信。

但事情发展的结果很令他失望。在《以诚信招聘老板》一文刊登十几天之后的2001年5月11日，记者刘畅又撰写了一篇《诚信啊，天下谁人能识君》的跟踪报道，登载在《中国青年报》上。其内容如下：

距刊登广告"以诚信精神招聘老板"已经整整20天。陈耀文，这个告别清华校园已经9年的青年，依旧执着于自己对于"诚信"的理想方式（本报4月28日一版曾予报道）。只是，一种淡淡的失望和疲惫写在了他的脸上。他说："来找我的企业都是注重能力和创新意识的，而没有一个是冲着诚信精神而来的。"

屈指算来，已经有北京、四川、河北、山东的20家企业先后向他表达了招聘意愿，企业经营范围涉及建筑、冶金、制造、保险、文化等领域。他先后与11家企业的老总见了面。见面的结果是"他们看中人品的很少，没有认识到诚实、信用这些人才应该具备的优秀品质所具有的商业价值"。

陈耀文固执地认为，企业是人的企业，企业行为是人的行为，企业人如果具备诚实可信、认真求实的作风，企业还会生产假冒伪劣产品吗？欲治国先齐家，欲齐家先修身，这样的古训，在今天的市场经济社会里，依旧应该散发出恒久的魅力。

在向一个建筑老板提及自己的诚信主张时，老板告诉他，我们当然希望自己的员工诚实可信了，这还用问吗？陈耀文告诉他，人的诚信需要自己的操守，但也需要企业提供诚信的环境，企业文化要培养人的诚信素质。如果一个老板不重视品德和诚信，那么，员工可能因此也变得缺少诚信。而一个即使有些道德瑕疵的人，在诚信的老板和工作环境的感染下，也可能会变得诚实、守信用。

他说，这是自己的"品德与环境"论。听了他的话，那位老板不停地摇头，说"你有些幼稚了，年轻人"。

5月10日，陈耀文来到中关村一家电脑销售公司应聘，继续自己的"诚信"实践，结果如何，他说自己也不知道。

针对陈耀文的遭遇，中国人民大学教授诸葛忆兵认为，招聘活动中具有考查依据的是学历、经历，并可据此对一个人才的能力作出判断。而诚信精神、诚信素质等品德问题，往往需要"日久见人心"。我们无法凭一面之交就对一个人的人品作出判断。尤其是我国尚无个人信用系统作为考查参照，因而，在招聘活动中，诚信精神的象征意义大于其现实意义，缺乏可操作性。

哈尔滨师范大学副校长傅道彬对陈耀文的"诚信招聘"给予了高度评价。他认为，在市场经济条件下，当代青年对"道德回归"和"道德重建"的渴望是强烈的。此举说明了青年人对诚实守信的基本道德原则的"自觉"与呼唤。他们希望社会、用人单位能够为诚实守信的行为和思想提供良好的环境和氛围，也渴望自己周围的人都具有这样的品质。在这个背景下，陈耀文的招聘活动就具有了独特的意义和启示。

（二）诚信是相互交往的前提

孔子说："与朋友交，言而有信。"周恩来说："人之相知，贵相知心。"罗曼·罗兰说："朋友看朋友是透明的，他们彼此交换生命。"

这些话虽然说自不同的时间，出自不同的地域，来自不同人之口，但中心意思是相同的，就是朋友之间相处要讲诚信。

相互间不讲诚信的朋友不是真正的朋友。真正的朋友是另一个自己。要成为另一个自己，彼此之间的心必须是透明的，要以诚信相待，以诚信相处。

在朋友遭遇困难的时候，能伸出帮助之手；在朋友郁闷时，能真心分担他的忧愁；在朋友出现邪念时，能以诤言相劝。

对朋友托付的事，能竭心尽力办好；对朋友承诺的事，能想方设法完成。汉代的阎敞就是这样对待朋友的。

阎敞与第五常是知心的朋友，俩人常在一起谈古说今，对管仲与鲍叔牙、俞伯牙与钟子期的友谊尤为钦佩。

后来，第五常突然接到皇帝的诏书，要他火速进京。第五常携带家眷匆忙上路。临行时，他把一百三十万贯钱交给阎敞，请他代为保存。

阎敞送第五常至十里长亭，洒泪而别。回家后，他便把钱封好，放在安全的地方。

春去冬来，十多年过去了，不仅未见第五常来取钱，连个音信也没有，阎敞很是思念。

一天，忽然来了一位青年人求见。青年人自称是第五常的孙子。阎敞喜出望外，赶忙请他进来。

一见面，阎敞就看出这个青年人是第五常的后代，不但模样长得像，举止也与阎敞不差二致。

阎敞急忙打听第五常的消息。那位青年泪流满面。随后就向阎敞叙说了家中发生的变故。

原来，第五常一家人进京后，就染上了瘟疫。一家人陆续死去，只剩下一个九岁的孙子。第五常临终前把孙子叫到面前，对他说："我有一个好友叫阎敞，你可以去投奔他。我有三十万贯钱在他那里。"

第五常的孙子当时年龄尚小，又要在京城读书，所以没有来。现在，学业已成，年龄大了，便来认世交并想把钱取走。

听说老友病故，阎敞十分悲痛，幸喜第五常后继有人，便留第五常的孙子住了几日。

第五常的孙子临走时，阎敞把存放的钱拿出来，一封一封，还是原样。一数，有一百三十万贯之多。

第五常的孙子忙问："我祖父临终时说只有三十万贯，怎么多出一百万贯？"

阎敞说："这钱确是你祖父当年交给老朽收藏的原物。至于他说的数目不对，或许是病重神志恍惚，也未可知。你就不必怀疑了。"

第五常的孙子见阎敞如此诚实守信，又是佩服，又是感动，一时连话也说不出来了。

阎敞的确是第五常名副其实的知心朋友。他对朋友的托付尽心尽意，即使是在重金面前，也丝毫没有贪婪之心。要是第五常在九泉之下有知，他也会为有这样的一位知心朋友而欣慰。

（三）诚信是人生旅途的伴侣

在我们人生的路途上，有许多东西在伴随着我们，有美貌、有金钱、有虚伪、有诚信、有名誉、有地位。

如果我们想获得一时之快乐，我们可以选择美貌、金钱、名誉；如果我们想获得终生之快乐，我们则应该抛弃虚伪、欺诈，选择诚信；应该将诚信作为我们人生旅途的贴身伴侣。

诚信虽然有时会给我们带来暂时的痛苦与物质上的损失，但它最终会为我们带来永久的快乐与丰厚的财富。

诚信虽然不像荣誉那样耀眼，但它能给人以心灵最深的慰藉与安宁。

人生是一条有始有终的长旅，它的珍贵就在于它的不可逆转。在人生的旅途中，我们需要荣誉，因为它能为我们带来耀眼的光环。但与诚信相比，荣誉显然对我们来说并不重要。因为荣誉虽然能为我们带来耀眼的光环，但它只能光耀于一时，不能光耀于一世；它只能给我们带来一时之欢乐，不能为我们带来一生之愉悦。而诚信，那才是属于我们心灵中最珍贵的东西。

一位哲人曾说："我把世俗的东西都抛开，只求一颗不受纷扰的心灵。"要想拥有一颗不受纷扰的心灵，显然不是荣誉、金钱所能做得到的，能做得到的只有"诚信"。诚信能使人的心灵得到慰藉，能使人的心灵变得安宁和温馨。请看秦文君在《一诺千金》中记述的故事：

去年秋天的一个傍晚，天降大雨，那是场罕见的倾盆大雨，我打着伞去公交车站接一个朋友。我们曾约定，风雨无阻。

我在车站站立了多时，一辆接一辆车进入车站，又驶出车站，但我的朋友却始终没有露面。车站的人越来越少，最后只剩下我和一位少年。少年没带伞，抱着肩瑟瑟地站在站牌边守候着。我把伞伸了过去，他感激地说谢谢，并告诉我说，他在这等一个朋友。

车一辆一辆开过，雨在伞上面形成一道道雨帘，天地间白茫茫的，我们谁都没有见到期盼的人。

　　我对少年说:"他们也许不会来了。"可少年摇摇头,坚信地说:"我的朋友会来。"

　　正说着,又来了一辆车,车刚一停稳,一位少年就从车门跳了下来,无比欢欣地叫了一声。伞下的少年也蹿了出去。两个人热烈地击掌问候,那种高兴劲儿难以用语言来形容。我感到,他们的快乐是如此坦荡无愧,他们的相互欣赏流淌在那一击间。目睹这画面的我,顿时感到一种灵魂的升华。

　　最后一班车驶出了车站,我终于没能等到我的那份欣喜。当我失望而归,却在家接到朋友的电话。她说雨实在太大,所以……我想说,当时约定时为何要说风雨无阻,完全可以说大雨取消;既然说风雨无阻,就应该履约前来。不过,我什么也没说,只是轻轻地挂断了电话。因为对于一个轻视自己诺言的人,她会找出一千条理由为自己开脱。

　　看完故事,我们不难感觉到,暴雨中相会的少年心灵是宁静而充满温馨的。因为他们实现了自己的诺言,尽管这诺言只是见面的约定。而那位因雨而失约的"朋友"心灵会烦躁而充满愧疚。因为她不仅仅是错过了一次同朋友见面的机会,而是丢弃了诚信,从而失去了朋友对她的信任。正如一位学者所说:"个人失去诚信,在良心上将受到谴责,自我的发展也将失去前途;企业失去诚信,纵然一时得利,日后也必付出代价;而一旦发展到整个社会的诚信都下降的话,欺骗、谎言将毁灭人与人之间相互依存的关系。不能想象这样的社会会是一个什么样子。"

二、诚信正在远离我们

咱们中国虽然是一个具有诚信传统的国家,但近些年来,诚信却越来越远离我们,人们被失信的行为所包围着。

(一)人与人之间相互不信任

在某火车站,甲手里举着一张火车票,高声大喊:"去广州的火车票。谁要?还有十几分钟就要开车了,谁要去广州的火车票?"

随着甲的喊声,乙穿着一双赖了巴叽的皮鞋和一身皱皱巴巴的西服朝甲跑了过去,边跑边应答着:"我要,我要,我要去广州的火车票。"

甲用疑惑的目光看了看乙,问道:"你买火车票?"那神情似乎在说,就你这身打扮会买我的火车票?

乙看着甲那犹豫不信任的目光,急切地说:"我在这里都等了三天三夜了,也没买到去广州的火车票。你一定要卖给我。你要不相信我,我先付给你钱,你再给我票。"说着,乙掏出两张百元钞票递给了甲。

甲接过钱来,然后把火车票递给了乙。并说:"好吧,就卖给你。来,找你40元钱。"

乙推辞说:"不用找了,能买到火车票我就非常感谢你了。"

完成了交易,两人分别走开了。

甲拿着钞票,边走边嘀咕:"看他那样子,不像个有钱人,还说'不用找了',假的,一定是假钞!"

乙拿着车票,也边走边嘀咕:"现在的火车票这么难买,他却原价卖给我。还说找钱给我,假的,一定是假票!"

这时,就见甲乙二人同时转身,指着对方的鼻子说:"假的……"然后,两个人便吵了起来。

甲亮起高嗓门："我在这里卖了这么久，才把车票卖给你。你不仅毫不犹豫地掏出两百元，还说'不用找了'，不是假钞你怎么能这么痛快？"

乙也不甘示弱，争辩道："我在这里等了三天三夜才等到你的火车票，火车票现在这么难买，而你却原价卖给我，还说'找你40元钱'，不是假火车票你怎么能这么慷慨？"

甲听了这话，气愤异常："胡说。我原本是要和科长一道去广州出差，因科长临时有事去不了，让我一个人去，我不得已才在这里退票。你看看，这是我的身份证、工作证，我的出差证明。"甲说着，就从口袋里掏出证件来。

乙一副不以为然的样子，说："证件也有假的嘛！"

甲一听，火更大了："你才是假的呢！我问你，就你这身打扮，衣服皱皱巴巴，皮鞋邋里邋遢，哪来那么多的钱？"

乙听了甲的话，扑哧一声笑了："我从广州来这里出差，见这里的东西比广州便宜，就买了一双精品皮鞋，一套名牌西服。谁知没穿两天就成了这副样子。"

甲上下打量了一下乙，给他出主意说："那你不会再买一套吗？"

乙一副无可奈何的样子："唉，我已经换了三套了。还敢再买吗？"

火车鸣起了笛声，甲乙二人走下了舞台。

这虽然是上演在舞台上的小品，却有着深厚的生活基础。现实生活中的人们就是这样的互不信任。

（二）生活中充满着欺骗

人与人之间互不信任产生的原因，是生活中的人们遭遇了太多的欺骗。请看：

故事一：有人住院，朋友来探望，花100多元买了一只果篮，整个儿由透明塑料纸包裹着，其中有诸如苹果、水蜜桃、菠萝、火龙果等鲜果，更有一盒精美的桂圆。

第二天打开一看：鲜果大部分已经发蔫不说，那盒最为贵重的桂圆居然是20来粒表面上涂了一层黄颜料的霉变桂圆，以一张花纸衬着，底下则干脆就是胡乱的一些碎壳和果核！

故事二：小刘到广州游玩。在北京路上看到有一个人匆匆忙忙地从他身边经过时，口袋里的钱包掉在地上。

小刘不知是计，弯腰捡起了钱包。这时，又有另一个人从他身后走来，对他说："哥们儿，咱们到偏僻的地方分吧。"

这时，伪装掉钱包的人追来问，是否捡到钱包。小刘将钱包拿了出来。那骗子却说他不止这些钱。

小刘有口难辩，两个骗子利用小刘人生地不熟、不敢反抗的心理，将小刘身上的钱洗劫一空。

故事三：江苏籍病人王某因患脑瘤到上海市长征医院求治，交完住院押金的他和妻子到病区找收治他的医生，该医生正巧不在，王某只好在一旁等候。

这时，走来一名穿白大褂但无医院标识的中年妇女，她自称是该科医生，向王某问明情况后，她对王某说："我是你要找的那位医生所带的研究生，他有事出去了，要很晚才回来。你住院还差一道手续，你把住院证、身份证和住院押金收据给我，我帮你去办。"

王某一听很高兴，就按"女医生"说的把住院证、身份证和押金收据一并交给了她。

"女医生"并没有去补办什么手续，而是转身来到住院收费处，声称不打算住院了，要求退回押金。

当我们遭遇到上面的任何一种情形，我们还能够信任谁呢？于是，诚信就越来越远离我们，并由此而形成一个互不信任的怪圈。

在人际交往中，失信是要付出代价的。最重要的代价，就是它摧毁了人们的精神家园，使人们陷入了互不信任、相互猜疑的怪圈。

（三）"秃头论证"理论的启示

也许有读者认为我是小题大做：失信、欺诈的毕竟是少数人，大多数人还是本分诚实守信的。少数人的行为怎么会摧毁人们的精神家园呢？

要回答这个问题，我们有必要借助哲学上的"秃头论证"理论。"秃头论证"理论含有这样的问题：

少一根头发能否造成一个秃头？回答说不能；再少一根怎么样？回答说还是不能。

这个问题一直重复下去，到后来，回答却是已经成为秃头了。而这一结果在一开始是遭到否定的。

成为秃头的界限是头发一万根？一千根？一百根？十根？一根？一根也没有？无法确认。但可以肯定的是，当头发还剩下一百根、十根时，人们早已是毫不迟疑地公认其为秃头了。突变是在人们不知不觉的渐变中发生的。当人们惊觉时，事物已经从量变到质变了。

我们的精神家园的变化也是如此。失信的人从暂时看，还是少数，但已经有了扩大的趋势。

失信是有传染性的，当失信的病菌传播开来，就会使我们的整个精神家园摧毁。这是极为可怕的。

三、为人处世如何践行诚信

两千多年前,著名的思想家孔子就反复地告诫他的弟子:"言忠信,行笃敬,虽蛮貊之邦行矣;言不忠信,行不笃敬,虽州里,行乎哉?"

在孔子看来,为人处世,不要夸夸其谈,说话就要算数;与朋友交往,要言而有信;如果一个人说话守信用,行为诚恳,即使是在蒙昧偏远之地,也可以顺利地自由行动;反之,即使是在本乡本土,也会处处难行。

事实上,现代社会也是如此。一个人如果不讲诚信,他就不能与他人正常交往,在社会中也难以立足。既然如此,那么,为人处世如何践行诚信呢?

(一)己所不欲,勿施于人

两千多年前的一天,子贡问他的老师孔子:有没有一句话可以作为终身奉行的法则呢?孔子回答说:"其恕乎!己所不欲,勿施于人。"(《论语·卫灵公》)孔子的意思是说,应该是有的,这句话就是,自己所不想做的事情,就不要强加给他人。

孔子的这句话虽然是说在两千多年前,但对我们今天处理人际关系依然有着积极的指导意义。这就是说,我们在与人交往时,要站在对方的角度考虑问题。自己不想上当受骗,就不要去欺骗别人;自己不想受人愚弄,就不要去愚弄别人。你只有真诚地对待别人,别人才能真诚地对待你。请看史书记载的一则以真诚待人的小故事:

战国时,梁国与楚国交界,并各设界亭。边境土地适宜种植瓜果,亭卒们就在各自的地界里种上了西瓜。

梁国界亭的亭卒很勤劳,将瓜田管理得非常好,瓜秧长势茂盛。楚国界亭的亭卒非常懒惰，对瓜田不管不问，因此，瓜秧长得瘦弱不堪。

看着长势茂盛的梁亭瓜秧，楚国界亭的亭卒心中很是恼火。一气之下，他就在一个黑天里，将梁亭瓜秧全给扯断了。

梁国界亭的亭卒发现自己辛辛苦苦栽种的瓜秧被扯断，气愤至极，立即报告了边县县令宋就，并表示要以眼还眼，以牙还牙，也将楚亭的瓜秧扯断。

县令宋就听了汇报，沉思了片刻，然后对前来汇报的亭卒说："这种以眼还眼、以牙还牙的做法万万使不得。既然我们不愿意他们扯断我们的瓜秧，我们怎么能再去扯断他们的瓜秧呢？以怨报怨，冤冤相报何时了？楚亭的瓜秧长得不好，是疏于管理的缘故。你们不妨暗中为他们的瓜秧施肥浇水。让他们的瓜秧也茂盛地生长，他们就不会再扯断你们的瓜秧了。"

梁国的亭卒见县令宋就说得有道理，就按照他所说的话去办了。

楚国界亭的亭卒见自己的瓜秧长势一天比一天好，很是奇怪。经过偷偷观察，他们发现，原来是梁国的亭卒在帮他们管理瓜田。于是，他们就将此事报告了楚国边县的县令。县令听后十分感动，就给楚王上了奏章，把事情的来龙去脉向楚王做了禀报。楚王也被梁国修睦边邻的诚心所感动，便备了厚礼，派使者送给了梁国。

宋就在处理边界关系的问题上是智慧的。如果他赞同了本国亭卒的意见，让他们再去扯断楚国界亭的瓜秧，边界的纠纷就会因小小的瓜秧而连绵不断，这不仅会使边境的百姓遭殃，还会导致两国兵戎相见。

国与国是这样，家与家、人与人的交往也是如此。如果我们都能够奉行"己所不欲，勿施于人"的人际交往法则，人们就会和谐相处，否则，就会大动干戈。

（二）说话算数，言而有信

守信，是我们中华民族的传统美德。我们要继承发扬这种美德，做一个恪守信约、履行诺言、说到做到的人。为此，我们对自己所说的话一定要承担责任和义务。遇事不要轻易许诺，如果许诺了，一定要兑现。这一点，我们应该向毛泽东同志学习。

北平和平解放前夕，毛泽东、周恩来、朱德等在西柏坡会见了傅作义。傅作义对他们表示愿在有生之年做一些对人民有益的事。毛泽东问："傅将军，我想听听你将来愿意做些什么工作？"

傅作义说："我想，我不能在军队里干了，最好让我回到黄河河套一带去做点水利方面的事。"

毛泽东惊讶地问："军事上你是很有才干的，我真没想到你对水利工作也感兴趣？"

傅作义说："我对水利一直有特别的兴趣，过去是身不由己呀！"

毛泽东急忙摇头摆手："那不行，那黄河河套的工作太小了，给你是大材小用嘛！那样的话，蒋介石也会感到委屈的。你过去是他的堂堂大将军么！我看哪——"毛泽东回头看看周恩来和朱德，又转过头来看着傅作义说，"将来你可以当水利部长嘛。"

周恩来和朱德都笑着点头，说："好哇！"

毛泽东没有食言。共和国诞生后，原国民党高级将领傅作义，果然当上了新中国第一任水利部长，而且干得非常出色。

当然，有时候许诺能否兑现，还决定于客观条件。如果客观情况有变，无法兑现你的诺言，你则应该向对方说明情况，并致歉意，以免给人留下言而无信的印象。

我们千万不要向宋太祖看齐。一次，宋太祖答应让张思光做司徒通史的官,张思光很高兴,天天等待正式的任命,可是日复一日,年复一年,却迟迟不见任命的通知。张思光失去了耐性,便想了一计,故意骑一匹很瘦的马到宋太祖的面前。

宋太祖看张思光骑的马那么瘦,很吃惊地问:"你的马太瘦了,一天吃多少饲料呢?"

张思光回答说:"一天一石。"

听了张思光的回答,宋太祖更不理解了:"不可能吧!既然给那么多的饲料,马怎么还会这么瘦呢?"

张思光说:"我答应一天给它一石,而实际上,我并没有给它那么多。"宋太祖听出了话中有话,不久就下旨任命了张思光。

还好,宋太祖能亡羊补牢。张思光一暗示,他便明白了。如果不是这样,张思光肯定会灰心丧气,工作起来也不会卖力气。

(三)实事求是,言行一致

一切从实际出发,实事求是,言行一致,是我党的优良传统和作风。实事求是,就是尊重客观事实,尊重客观规律;言行一致,就是说与做相统一,不口是心非,不阳奉阴违。我们只有养成实事求是、言行一致的好作风,才能使自己所说的话符合客观实际,言之有物,不是空话;才能使自己所说的话符合真情实感,不悖于自身的行为,言由心发,不是假话;才能使自己所说的话符合情理,言必有中,不是大话。也只有这样,我们才是一个诚信的人。

记得英国著名文学家拜伦在其所著的《唐璜》中说过这样一句话:"没有任何东西能像一个清洁的名声那样可贵。"

的确,一个有着清洁名声的人,能获得人们的敬重,能坦然面对一切,即使他离开了人世间，他也会活在人们的心里；相反，如果一个人臭名昭著，即使他活着，他也是活得苟且偷生；即使他活着，人们也觉得他死了。

而要想获得清洁的名声，离不开言而有信。记得在《萌芽》杂志上，我曾经看到过潘向黎先生撰写的《清白的记录》一文，文中讲述了发生在他熟悉的一个人身上的故事。潘向黎叙述的故事大致如下：

有一个熟人，是我的同龄人，读大学时就认识的。我们不是同一个学校，但知道他是一个活跃人士，并且早早就有了市场意识。在大家还在闷头读书的时候，他就已经知道编《娱乐手册》挣稿费，去外地旅游时在边远地为当地人拍照，挣回一部分车钱。我们来往不多，关于他的故事大多是听说的，对于当时的我来说是太"前卫"了，理解有些困难，所以他并没有给我留下太深的印象。他毕业后到北京工作，我们就没有见过面。

十年一转眼就过去了，没有想到又和他见面了。他出差来上海有事找我。办完了正事，我们几个年轻的朋友就找了家茶馆开始大泡特泡。话题很多。关于北京和上海这些年的变化——同龄人的看法永远比报上、电视里的信息更有参照意义，有关自己这些年的经历——我们都有了不少变化，对现状的感觉与今后的打算，还有天南海北各种奇闻怪事……

这种谈话通常都很愉快，没有想到的是，因为这次谈话，这个十多年前就认识的人却给我留下了深刻的印象。一直到现在我才肯定，我不会忘记他了。

他说起他前几年在南方的Z市经商的事。那时他和朋友合伙在Z市注册了一个公司，做进出口贸易，初见成效。因为他在北京还有工作，所以他让那个朋友负责Z市的日常事务、有大事和他联系或者他飞过去处理。

"那时候，已经挣了两百多万的家当了，我们说好全部放在公司里，个人不吃不用，把生意做大。结果有一天，一个电传过来，是我们的客户，说我们公司没有按时付款。我打电话找我的合伙人，哪儿都找不到他。我意识到有问题，马上飞过去。打开公司门，我眼前真是顿时一黑，整个公司都空了，除了家具还在，所有的东西都没有了，当然我的那个朋友也没有了踪影。有人告诉我他出国了。不用说他带走了所有的钱。留给我的是一张长途电话账单，还有拖欠的房租和各种账单，共有十万块。我当时就傻了，整个脑子都是乱糟糟的。从心理说我觉得我是受害者，我的钱让人卷走了，根本没有理由要我付这些账单，我真想一走了之。可是我又觉得这样不行，公司也是我的，出这种事是我看错了人，错了就应该承担责任。更何况，我是一个前程远大的人，我不能让自己这辈子永远不能到Z市。我要自己堂堂正正地到任何地方。"

故事的结局是：他将个人的积蓄倾其所有付清了账单，向一个朋友借了机票钱回了北京。他当然没有就此灰心，又重新开始干起了别的。而那个合伙人，听说有人在泰国见过他。"我想想，他比我惨，他不敢回来了。我觉得自己当初绝对是做了一个英明的决定。"

看完这个故事，我们都会赞同故事主人的观点，他做出了一个英明的决定。这个决定是他自身清白的真实记录，他用自己的全部积蓄给自己留下了一个清洁的名声。这清洁的名声将是他的无价之宝。而那位卷走他人钱财的人的确比他惨，他虽然得到了金钱，但却给自己留下了一个污浊的坏名声，"他不敢回来了"，成了丧家之犬。

（四）心怀坦荡，真诚待人

记得在一本书中看到过这么一段话："你要想让对方把你当朋友看待，你自己就先要把他当朋友看待；你要想让对方对你有一见如故的感觉，你自己就先要对他有一见如故的态度。"

这话说得很有道理。这里我再续上一句："你要想让对方对你诚信不欺，你自己就先要对他人诚实守信。"正如马克思所言："只能用爱来交换爱，只能用信任来交换信任……如果你想感化别人，那你就必须是一个实际上能鼓舞和推动别人前进的人。"（马克思《1844年经济学哲学手稿》）

与人交往，对于自己不了解的人，有所保留无可厚非；但对于自己了解的人，自己的亲人、自己的同事、自己的合作伙伴，则应该心怀坦荡，真诚待人。

我国著名的翻译家傅雷先生曾经说过一段质朴的话，他说："我一生做事，总是第一坦白，第二坦白，第三还是坦白。绕圈子，躲躲闪闪，反易叫人疑心。你要手段，倒不如光明正大，实话实说。只要态度诚恳、谦卑、恭敬，无论如何人家不会对你怎么的。"傅雷先生的话应该是他人生经验的总结。

心怀坦荡，真诚待人，实际上就是说对人要有真心，不虚伪，不做作。

他人有错误，能及时地予以指正批评，帮助他改正错误。而不是听之任之。

与他人相处时，能敞开心扉，而不遮遮掩掩。你只有对别人真诚，别人才能对你信任。

他人有困难时，能真诚相助。古人云："爱人者人恒爱之，敬人者人恒敬之。"只要我们真诚地关心他人，帮助他人，设身处地地为他人着想，他人就能以亲切的感情来对待我们，这样人与人之间的情谊就会更为密切。

第五章

商诚则兴，商奸则衰

古人云："商诚则兴，商奸则衰。"这是历史经验和教训的总结。一些知名企业为什么颓然倒塌？而一些名不见经传的企业为什么会平地崛起？有一个根本的原因不能忽视，这就是能否坚守诚信。

一、中华民族具有诚信的商德

有人说:"无商不奸,自古皆然。"事实上,这句话是犯了"以偏概全"的毛病,与实际情况并不完全吻合。

奸商有,但不是所有从事商务活动的人都是奸商;奸商从古至今都存在,可是,也不是说我们的商人都没有诚信的商德。

实际上,我们中华民族有着优良的诚信商德。这种诚信的商德主要表现在:

(一)诚实经营

在宋代,有个谏议大夫,名叫陈省华。有一年,陈家买了一匹马。这匹马高大瘦骏,谁看了都说是一匹良驹。但是,这匹马十分暴烈,人一骑上去就被摔下来,谁也驯服不了。时间长了,家里人都觉得养这么一匹马是个累赘,就张罗着把它卖了。

一天,有个生意人要买马,手下人听说以后,请示了二公子,就把马给卖了。

过了两天,陈省华踱步来到马厩,发现那匹烈马不见了,就问:"那匹烈马哪里去了?"

手下人回答说:"老爷不在家,我们请示二公子,卖掉了。"陈省华又问,"卖给了什么人?"手下人说:"卖给了一个生意人。"

陈省华一听,很不高兴,让手下人立刻把二公子找来。陈省华对二儿子说:"一匹烈马,倘若卖给富贵人家或者驯马高手,也无不可。你如今卖给了一个普通生意人,很不应该。我家这么多人都驯服不了它,一个生意人怎么能驾驭它呢？你养着无用，还养得起。一个生意人养一匹闲马，怎么养得起呢？为人要心正，心不正何以为人？你如此作为，无异于嫁祸于人，这不是败坏我家的家风吗？赶快派人去找那个生意人，如果他养不了，就把马牵回来。"

手下人找到那个生意人，向他说明了来意，生意人感动得不得了。

卖东西的人能替买东西的人着想，这真是难能可贵的品质。然而，更难得的是，还将不适合买主使用的东西主动追回。这种诚实的经营作风即使是在现在，也是非常值得我们每一位从事经营活动的人学习的。

后汉时，有个叫陈纪的人。他不仅学识渊博，而且为人诚实不欺，品德高尚。

陈纪在东郡有一处房子，因无人居住，打算卖掉。于是，他便请家人找一位买主。

经四处打听，好不容易找到了一位买房子的人。家人向买房子的人介绍了房子的建筑材料如何好，工程质量如何好，价钱如何公道等。买房子的人实地察看后，觉得实际情况和所介绍的一样，便决定买下来。

正当双方谈妥，即将拍板成交的时候，陈纪突然走了出来，对买房子的人说："这房子的确不错，但有一个很大的缺点，就是没有出水之处，每当天下大雨，积水很难排泄出去，这是个很伤脑筋的事情。你要好好考虑。"

买房子的人一听，便不买了。家人埋怨陈纪说："买卖已经谈妥，而你一说缺点，人家就不买了。"

陈纪很不以为然，批评家人说："为人应当诚实，宁肯房子卖不出去，也不能为了一己之私利，而去欺骗别人。"

煮熟的鸭子飞了。但又有谁能说这"鸭子"飞得不值得呢？"鸭子"

飞了，但诚实不欺的优良道德品质却让后人景仰。

（二）临财不苟取

古人不仅诚实经商，还特别重视信誉，将信誉看成比利益重要得多的"安身立命之本"。

在清朝同治年间，有一位商人名叫胡荣命。他经商50余年，能够做到"临财不苟取，遇善举辄捐货为之，名重吴城"。到了晚年，他退休回家。

胡荣命退休后，有个懂得名牌效应的人，想出大价钱租赁他商店的名称，但胡荣命却不为金钱所动，断然拒绝了那人的要求。他说："彼果诚实，何借吾名？欲借吾名，彼先不诚，终必累吾名也。"

二、《无憾的一天》让人震撼

某日，我收到朋友发来的一条短信。这条短信的题目叫作《无憾的一天》。短信叙述道：

"早上：买两根地沟油油条，切个苏丹红咸蛋，冲杯三聚氰胺奶，吃完开锦湖轮胎的车去上班；中午：瘦肉精猪肉炒农药韭菜，再来一份人造鸡蛋卤注胶牛肉，加一碗石蜡翻新陈米饭，泡壶香精茶叶。下班：买条避孕药鱼，尿素豆芽，膨大西红柿，石膏豆腐，回到豆腐渣工程房，开瓶甲醇勾兑酒，吃个增白剂加硫磺馒头。饭后：抽根高汞烟，去地摊买本盗版小说，晚上钻进黑心棉被窝。"

作者是谁？我不知道，朋友也不一定知道，但我们知道作者没有捏造事实。他所列举的问题就存在于我们的日常生活中，就曝光在媒体上。

这《无憾的一天》着实让人震撼。透过《无憾的一天》，我们看到，随着市场经济的发展，诚信的商德受到的严峻挑战。这种挑战导致了失信的行为屡屡发生。

（一）伪劣无良食品触目惊心

古人云："民以食为天，食以安为先。"但时下，"食的天"可以说是阴云密布，"毒气"熏"天"。下面这些食品概念，谁看了不是触目惊心？

地沟油、皮革奶、毒米粉、假豆腐、柠檬酸泡小菜、双氧水泡海鲜、草酸螃蟹、甲醛鱿鱼、硫磺枸杞、焦亚硫酸钠生姜、胭脂红腊肉、荧光粉蘑菇、硫酸熬糖蜂蜜、苏丹红鸭蛋、三聚氰胺牛奶、注水肉、回笼月饼、回锅霉饼干，等等，不一而足。

我原以为制造这些无良产品的都是一些小作坊，其实，不仅是小作坊，就连某些大企业，也是"不甘落后"，而且是争先恐后。

例如，中国最大的奶粉生产企业——河北省石家庄三鹿集团股份有限公司的"三聚氰胺毒奶粉"。

有专家指出，三聚氰胺是一种化工原料，可导致人体泌尿系统产生结石。事实就是如此。

2008年3月，南京儿童医院把10例婴幼儿泌尿结石样本送至该市鼓楼医院泌尿外科专家孙西钊处进行检验，三鹿问题奶粉事件浮出水面。

2008年7月16日，甘肃省卫生厅接到甘肃兰州大学第二附属医院的电话报告。报告称，该院收治的婴儿患肾结石病例明显增多，经了解均曾食用三鹿牌配方奶粉。

据报道，全国有29.4万名婴幼儿因食用问题奶粉患泌尿系统结石。

例如，中国最大的肉类加工基地——河南省双汇集团的"瘦肉精"

事件。

双汇集团,是一家知名的上市公司,在企业网站上,这家企业号称"诚信立企,德行天下";宣称"始终坚持'产品质量无小事、食品安全大如天'的质量理念,始终坚持为消费者提供安全、健康的产品。"而事实呢?三鹿集团"三聚氰胺毒奶粉"的尘埃还没有落定,双汇集团的"瘦肉精"事件就浮出了水面。

据"百度百科"介绍,"'瘦肉精'是一类动物用药,有数种药物被称为瘦肉精,例如莱克多巴胺(Ractopamine)及克伦特罗(Clenbuterol)等。将瘦肉精添加于饲料中,可以增加动物的瘦肉量、减少饲料使用、使肉品提早上市、降低成本。"

医学研究资料表明,食用含有"瘦肉精"的肉会使人产生恶心、头晕、四肢无力、手颤等中毒症状。

因此,早在2002年,农业部、卫生部、国家食品药品监督管理局就发布公告,明令禁止在饲料和动物饮用水中添加"瘦肉精"。

然而,这家国内知名企业,却在声称其产品是"十八道检验,十八个放心"的口号下,堂而皇之地使用"瘦肉精"肉。

丑闻曝光后,一位网友说:"我原来以为像双汇这种大企业还是安全可靠的,一直都只买它的肉吃,没想到他们也这么坑人。"

例如,上海盛禄食品有限公司将添加防腐剂、甜蜜素、更改生产日期的馒头运往上海华联等超市销售的事件。

真是这波未平,那波又起。"双汇瘦肉精"事件的丑闻在双汇的"万人大会"上,在群情激昂喊出的"万总万岁""双汇万岁"的口号中,还没有得以解脱,上海又被央视曝出每天三万"毒馒头"流向市场。

2011年4月11日,央视记者通过暗访发现,"上海盛禄食品有限公司为了增加销量，减少成本，用柠檬黄添加剂将白面染成黄面，冒充'玉米馒头'销售，同时还将山梨酸钾和甜蜜素添加到馒头中去，以延迟馒头保质期时间，增加馒头的甜味，并在馒头外包装上贴上含有维生素C和白砂糖字样的标识，吸引消费者购买。"

看来，我们真是高估了某些企业、某些大企业、某些商家的诚信道德。

毒奶粉、瘦肉精、染色馒头，一次一次地刺激着消费者本来就已经脆弱的神经。

有网友说："去年的地沟油、三聚氰胺还没完事，年初就爆出双汇瘦肉精，没反应过来立刻就来个上海毒馒头，今天早上一看新闻，又冒出个新词——牛肉膏、肌肉膏。"

我们不禁惊问："我们还能吃什么？"在这一惊问的背后，是企业和商家诚信道德的缺失。

（二）价格欺诈问题屡见不鲜

所谓"价格欺诈"，是指经营者利用虚假或者使人误解的价格条件，诱骗消费者或者其他经营者与其进行交易的行为。

《价格法》第十四条第四项明确规定，经营者不得利用虚假或者使人误解的价格手段，诱骗消费者或者其他经营者与其进行交易。但是许多商家置其规定于不顾，为了赚取利润，肆无忌惮地进行价格欺诈。据发改委网站2011年4月28日披露：

上海市置地广场商厦有限公司在优惠促销卡迪娜品牌女鞋活动中，标示7.5折销售、优惠折扣售价每双576元，经查打折前实际原价为468元，优惠折扣价比原价还高出108元。

北京市百盛商业发展有限公司在降价促销裳缇女衬衫活动中，标示原价每件1199元、8.5折销售，经查降价前原价应为1019元。

北京市君太太平洋百货有限公司销售百丽品牌女鞋，标示原价每双768元、现价每双537元，经查原价应为每双614元。

天津市时尚新世界购物广场有限公司促销傲巴斯品牌女鞋，标示原价每双698元、现价419元，经查原价应为每双384元。

商家为了价格欺诈，可谓绞尽脑汁。譬如，虚假标价、两套价格、模糊标价、虚夸标价、虚假折价、模糊赠售、虚构原价，等等。

这种"模糊"，这种"虚假"，让许多消费者上当受骗。除非你从不到商场去购物，只要你到商场去购物，就难逃商家的"陷阱"。

记得某一天我到一商场购物。当我来到女装楼层，我就看到一套女装大减价。原价3850元，现价1850元。我看这套服装很适合我，就毫不犹豫地购买了。

结果，第二天我在另一家商场看到了这套同样品牌的服装，原价为1650元。

（三）偷工减料事件比比皆是

所谓偷工减料，就是商人为了牟取暴利而暗中降低产品质量，削减工料。

中央电视台2011年3·15晚会之后，世界十大轮胎企业之一的锦湖轮胎，置于风口浪尖。因为锦湖轮胎天津有限公司在轮胎制造过程中偷工减料，以次充好。

锦湖轮胎天津有限公司为了节约成本、获取利润，在轮胎制造的过程中，把掺入的返炼胶含量比例提高。有时甚至全部使用返练胶。

"返炼胶是由轮胎制造过程中的一些废掉的半成品制成的物质。它是轮胎制作过程中需要添加的一种物质。虽然需要添加这种物质，但添加的比例是有严格规定的。

"正常的胎面和胎侧原片胶与返炼胶的比例按规定是 3∶1，而气密层则是 6∶1。但锦湖轮胎在制造的过程中，却把 6∶1 的掺加标准，变成了 2∶1。"[1]

不难想象，按这种添加比例制造的轮胎的质量会是如何？

我说，"偷工减料事件比比皆是"，既然是"比比皆是"，就不单独是锦湖轮胎天津有限公司。知名品牌康师傅也是如此。

"记者在上海徐汇区多家好德、罗森等便利店看到，康师傅每日C系列产品橙汁、红葡萄、水晶葡萄等已经更换了新包装。换装之后，每瓶容量由原来的 500 毫升减为 450 毫升。记者注意到，虽然饮料的实际容量'缩水'了，但是货架上的标签依然写着 500 毫升，价格也仍维持原来的每瓶 3.1 到 3.5 元的水平。"[2]

如果说，锦湖轮胎的偷工减料，已经让我们忍无可忍，建筑工程中的偷工减料，则让我们出离愤怒了。这里我们不妨通过媒体报道来盘点一下建筑工程中的偷工减料。

"把搅拌好的混凝土倒入一个模板，再把削好的细竹签一个个塞进去。2010 年 8 月 30 日下午，记者走访了安徽合肥多家建筑工地，发现用竹签替代钢筋的垫块确实存在。合肥市建筑质量安全监督站站长沈龙泉就此表示，垫块中用竹签支撑混凝土，是偷工减料的做法，对房屋构筑安全有一定影响，有关部门现已下文彻查此事。"[3]

---

1. 《锦湖轮胎偷工减料让人担忧》，CCTV《财经频道》，2011 年 3 月 17 日。
2. 《康师傅偷工减料变相涨价 垄断抬价成合法》，大众网，2011 年 4 月 30 日。
3. 《盘点各地建筑行业偷工减料现象》，四川新闻网，2010 年 9 月 1 日。

2010年9月7日，位于长春市东岭南街解困小区7号楼一家三楼住户的阳台突然坍塌。"当时站在三楼阳台的肖老太太不幸摔下住进医院。围观居民说，坍塌的阳台没有'拉筋'，偷工减料了。"[1]（建筑上的"拉筋"，是指同时拉住主筋和箍筋的钢筋。）

显而易见，我们正面临诚信危机，而诚信危机已经影响到我们正常的经济活动秩序，影响到我们企业的生存与发展。用一位名人的话讲，诚信已经成了非抓不可的问题。

三、诚信决定企业兴衰成败

随着市场经济的迅猛发展，企业间的竞争越来越趋激烈。企业要想在市场经济的激烈竞争中立于不败之地，必须遵守诚信的市场规则。诚信决定着企业的兴衰成败。

（一）诚信是企业的生命所在

拥有诚信，企业才会树立良好的形象，才能得到消费者的信任，也才能在商海中占有一席之地。失去诚信，小到一个摊铺，大到一家企业，都很难生存下去。诚信是企业的生命所在。这已为事实所证明。"南京冠生园"的颓然倒塌，就是如此。

提起"南京冠生园"，别说是南京的老百姓，就是北京、东京的人也不陌生。

曾几何时，人们以能吃上南京冠生园的食品为自豪。可现在，有几

---

1. 《阳台坍塌六旬老太坠下楼 楼下邻居逃过一劫》，《城市晚报》，2010年9月8日。

人敢买南京冠生园的食品。一个企业,如果失去了顾客,它的生命也就活到了尽头。南京冠生园当然也不能例外。

2002年2月4日,因"陈馅月饼"事件在全国掀起轩然大波的南京冠生园,以"经营不善,管理混乱,资不抵债"为由向南京市中级人民法院申请破产。

这家有着70年历史的知名企业,颓然倒塌,令人伤感、痛惜。伤感、痛惜之余,人们纷纷对它的破产进行评说。

有人认为,"南京冠生园破产"是媒体曝光的结果,否则,一个好端端的老牌企业决不会颓然倒塌。

但绝大多数人认为,"南京冠生园破产"是企业自身丧失信誉的必然结果,是咎由自取。

多年来一直冲着冠生园这个老字号购买月饼的杨先生至今仍感到气愤:"像这样把信誉当儿戏,不把消费者放在心里的店家,无论是老字号还是新店面,终究要完蛋。"

作为同行的南京桃源食品厂厂长孙学钰说,表面看来,"南冠"垮于媒体的曝光,而根子上是企业本身失去了起码的"诚信",不重视产品质量,只想着获取不法利润,结果既害了消费者,又害了自己。

"南京冠生园的破产其实是信誉破产。"南京经济学院工商管理系副教授戴庆华一针见血地指出,"媒体曝光只是导火索,并非因果关系,而其信誉缺失迟早会出现这种结局。南京冠生园以牺牲信誉为代价攫取利益,无异于杀鸡取卵式的自杀行为。"[1]

真是众说纷纭。那么"南京冠生园破产"到底是谁之过呢?让南京

---

1. 陈琪:《南京冠生园:信誉的破产》,新华社,2002年3月22日。

第五章 商诚则兴，商奸则衰

冠生园用自己的行为来给出答案吧！

2001年中秋节前，南京冠生园用陈馅翻炒后再制成月饼出售。该行为被中央电视台曝了光。

被媒体披露曝光后，一时民众哗然，各界齐声痛斥这种无信之举。南京冠生园的月饼顿时无人问津，很快被各地的商家撤下了柜台。许多商家甚至向消费者承诺：已经售出的冠生园月饼无条件退货。

面对危机，南京冠生园还是没有表现出应有的诚信。他们先是辩解称这种做法在行业内"非常普遍"，绝不是我冠生园一家；在卫生管理法规上，对月饼有保质期的要求，但对馅料并没有时间要求。言外之意是用陈馅来做新月饼并不违规。

随后，他们又匆忙发出了一份公开信，继续进行狡辩。而自始至终不向消费者做任何道歉。他们的所作所为不仅令消费者更加寒心，也进一步将自身信誉丧失殆尽。

信誉的缺失使多年来一直以月饼为主要产品的南京冠生园被逐出了月饼市场，公司的其他产品如元宵、糕点等，也很快受到了"株连"，

义利一念间　　　　　图/王泽培　新华社发

没人敢要。

看了南京冠生园的所作所为,我们不难给出答案。南京冠生园的破产,是企业自身丧失信誉的必然结果,是他们自己扼杀了自己。

一家具有70年历史的知名老字号企业倒下了,留下了深刻的思考。

信誉是一个企业精神财富和生命所在;企业失去信誉,纵然一时得利,日后也必将吞下苦果。企业要生存和发展必当用心地守护信誉。诚信,是市场经济发展之本;欺诈,是导致企业衰败的毒瘤。

这也印证了袁野先生的一段话:"失去特色的品牌不再有忠诚,失去忠诚的品牌不再有市场,失去市场的品牌不再有诚信,失去诚信的品牌将不再有资本!"

(二)诚信是企业的最强竞争力

"生意兴隆通四海,财源茂盛达三江",这是几乎所有的商家都很喜欢的一副对联。

的确,作为在商海的搏击者,谁不希望自己的生意红红火火,分店落户扎根全球,客户遍布海角天涯;谁不希望自己的生意财源滚滚,日进斗金,月入万银。但如何实现这一愿望,却历来有着两种不同的选择。一是靠投机;一是靠诚信。

事实证明,投机致富者,不能久远;只有诚实,才能立于不败之地。

2002年3月31日的《人民日报》曾登载了河北石家庄谷文晓所撰写《诚信是生存之道》一文,文章用生动的事例阐述了这一道理。文章说:

在我们的家属院,以前常有两个卖鸡蛋的老人来,一个稍胖,一个微瘦。胖老人脾气倔,人们很难从那儿"砍"下价来;而瘦老人则总是好说好商量。

然而我发现，胖老人虽说话生硬，人们却总是争相购买他的鸡蛋；而瘦老人的摊却很少有人问津。

后来才听说，原来，胖老人卖鸡蛋时，足斤足两；而瘦老人有时利用人们的粗心在秤上捣鬼，缺斤少两的事时有发生。最近，已经看不到瘦老人的身影。

两个老人卖鸡蛋的兴衰，再次证明这样一个道理：在市场经济中做买卖的人，只有讲信用，重信誉，求质量，童叟无欺，才能长久生存和发展。靠欺骗、欺诈顾客牟取利益，只能得利一时，不能得利一世。你欺骗了顾客，也许他们不会对你兴师问罪，穷追不舍，但他们可以用看似最无奈其实也最有效的办法——不买你的商品来回击你，使你的生意无法再做下去。这就是市场经济的运行法则。瘦老人就是因为卖鸡蛋时偶尔缺斤少两被心细的顾客发现告诉了他人，而后一传十，十传百，有了一个坏名声，人们才不买他的鸡蛋的。

这件事使我想起了林肯的一句话："你可以一时欺骗所有的人，也可以永远欺骗一些人，但不能永远欺骗所有的人。"

在市场经济条件下，诚信不仅是立身之本，也是生存之道。不讲诚信的人，无异于自己砸自己的"饭碗"，自己拆自己的"舞台"，自己断自己的生路！

事实上，这道理早就为人所知。古时候陕西有位商人樊现便说："贸易之际，人以欺为计，予以不欺为计，故吾日益而彼日损。"

在管理经营教学活动中，有这样一个经典案例。这个案例更生动地说明了诚信是企业最强的竞争力的事实。

诚信决定存亡

一天，一位名叫基泰斯的美国女记者在日本东京奥达克百货公司购买了一台电唱机，准备作为见面礼送给在东京的婆婆。

奥达克百货公司的售货员彬彬有礼地为她精心挑选了一台半启封的电唱机，基泰斯高兴地把它带回了住所。

可是，当基泰斯开机试用时，她却发现电唱机没有装内件，根本没有办法使用。基泰斯非常恼火，准备第二天去找奥达克百货公司理论，并立即动手写了一篇题为《笑脸背后的真面目》的新闻稿，传真到了她所供职的报社。

谁知，第二天清晨，一辆汽车开到了她的住处。从车上下来的是奥达克百货公司的副经理和一位拎着大皮箱的职员。他俩一见基泰斯就俯首鞠躬，表示歉意。基泰斯很惊讶，不知道他们是怎样找到她的住所的。

那位经理讲述了大致的经过。原来，在卖出货物的当天下午，他在清查商品时，发现错将一个空心的货样卖给了一位顾客。因为此事至关重大，他迅速召集全体公关人员商议，寻求办法。可以说是费尽周折，总算从顾客留下的一张美国某报的名片里发现了线索。

通过这一线索，他们打了35次越洋电话，最终从美国纽约得到了顾客东京婆婆家的电话号码，找到了顾客的住所。

经理讲完经过，亲手将一台完好的电唱机外加一张唱片、一盒蛋糕奉上。

奥达克百货公司所做的这一切深深地打动了基泰斯。她立即打越洋电话给美国报社，告知报社，昨天的传真稿件停发，她又有新的重要稿件发出。随后，她马上赶写了一篇《35次紧急电话》的新闻稿。

报社接到稿件，考虑到基泰斯两篇稿件的视点不同，便配上编者按，将两篇稿件全部刊发了。

基泰斯回国后，将刊发的稿件寄给了奥达克百货公司。奥达克百货公司把这两份稿件给了日本某报。

随后，日本的几家报纸都争相转发了这两份稿件。从此，奥达克百货公司的声誉大大提高，经营活动也越来越好。

（三）诚信是企业重要的生产力

一个企业的发展需要人力、设备、原材料、生产技术、环境、资金、能源、信息等多种资源。诚信虽然不像人力、设备、原材料等看得见、摸得着，但却是最重要的"资源"。从某种意义上讲，诚信是企业重要的生产力。这已经被实践所证明。

诚信能使家庭式小作坊脱胎为大企业。浙江传化集团十几年前还是一家名不见经传的民营企业，如今却吸引了6个跨国集团前来开展技术合作，国内的10多家科研院校也主动上门与之合作。企业从最初的家庭式作坊脱胎为国内最大的纺织助剂生产企业。

该企业到底以什么样的魅力吸引着人？全国政协委员、传化集团总裁徐冠巨说出了答案。他说："是诚信，诚信是企业最大的资源。"

徐冠巨认为，投机取巧，坑蒙拐骗，偷税漏税，践踏市场"游戏规则"的企业，注定是短命的。

20多年来，传化集团尽管有多次上当受骗的经历，但他们从来没骗过别人，所以与传化集团打交道的企业和个人越来越多，企业的市场也越来越广。

传化集团坚持以诚信待人，不但赢得了良好的社会声誉，而且无形之中给企业带来了众多商机，因而企业能够一帆风顺获得快速发展。

诚信能造就品牌。在南昌亨得利钟表眼镜公司，曾经发生过这样一个故事：有一位营业员因为疏忽，而多收了一位购买钻戒的顾客2000元钱。

几个月之后，公司发现了这一问题。于是，公司花了6000元在南昌电视台做广告，寻找到那位顾客，把多收的2000元退还给她。这是"亨得利"老字号信誉好的一个典型事例。

"宁可麻烦千万遍，不让顾客感到不方便；宁可企业吃点亏，不让顾客受损失"，这是南昌亨得利的服务宗旨。为了让消费者买得放心，"亨得利"根据企业经营的特点，投入300多万元购买现代检测设备，在全市率先实行对黄金首饰商品的全面检测销售。

"亨得利"坚持诚实守信经营，给企业带来了经营效益和品牌效应。正如公司的总经理所说："诚信也是品牌。'亨得利'坚持诚实守信经营，不仅吸引顾客如云，而且名店售名品，名店聚名品，把上海的'老庙''老凤翔''亚一'等知名品牌都聚拢进店，产生了强辐射的品牌效应，并成功地加入了香港周大福珠宝金行联盟店。"

业界人士在分析百年老店南昌亨得利的成功奥秘之后，赞叹地说："诚信撑起名店，满意造就名牌。"

诚信是企业的第一生命。2003年初，在四川宜宾五粮液集团公司办公大厦的左侧，落成了一座"诚信碑"。

该"诚信碑"为深红兼金黄色。其正面刻有"诚信——立企之基"几个金黄色大字；其左侧，刻有五粮液集团的"诚信誓言"："保护诚信资源；培育诚实守信品德；努力建设公司诚信体系"；其右侧刻有五粮液集团归纳的"诚信之敌"："形式主义、假冒伪劣、欺骗欺诈、歪门邪道、滥用权力。"

"诚信碑"上的文字，既是对五粮液集团近百年来管理经营经验的总结，也是对五粮液集团未来以"诚信立企"理念的固化和倡导。

五粮液集团为什么能成为"中国酒业大王"？诚信具有不可磨灭之功。

五粮液的发展史，不仅是一部不断开拓创新、自我完善的奋斗史，也是一部诚信生产经营的历史。下面的故事可见五粮液集团诚信管理经营之一斑：

2001年1月，一批五粮液外包装纸箱运进了工厂。质检人员经检查发现，这批外包装纸箱与标准封样有一点轻微的色差。于是，要求退货。

外包装纸箱生产供应商认为色差轻微，不影响内在质量，凭肉眼一般看不出色差，请求放宽标准。

封样人员也认为可以放宽一点。于是，更改了封样标准（按规定，封样人员可以更改这些轻微标准，但要按程序报告）。

后来，这件事情被质量监管部门发现了。有关部门立即给予了严肃处理，调离了相关人员。

浙江传化集团、南昌亨得利钟表眼镜公司、五粮液集团的实践说明，诚信确实是企业一笔巨大的无形资产，它对企业的推动作用是任何有形生产力所难以比拟的。因为信誉是企业的第一生命，是企业在市场经济中畅行的通行证。

企业在公众心目中的诚信程度，决定着企业的生存和发展。诚信是企业可持续发展的精神动力，是企业在市场站稳脚跟发展壮大的根本，是企业冲出国门、走向世界的基础。

诚信，是企业成功的根本。毋庸讳言，金钱对人是有诱惑力的。尤其是我们这些凡夫俗子，谁不想买张彩票就能中五百万元的大奖；谁不想注册家公司一开张就顾客盈门，财源广进。但还真有人不同凡"想"，他们开业六年不盈利却宣布自己"成功了"。这就是河北黄骅信誉楼商厦。

黄骅信誉楼商厦位于河北黄骅市区。它创建于20世纪80年代中期，最初是由15位农民集资兴建的小商场，开业时面积仅为200多平方米，是个标准的"小卖部"形象。然而现在，该商厦已发展成为总营业面积1万多平方米，拥有千余名员工的大型商场。当人们普遍感叹百货业越来越难经营、越来越难赚钱时，信誉楼的经济效益却开始了连年大幅度的增长。

信誉楼成功的秘诀在哪里呢？请看1994年信誉楼在其老楼内，各处门口、楼柱及墙壁上所张贴的《信誉宣言》：

企业信誉是企业社会信用和声誉的统一。

九十年代是市场进入高质量的时代，是信誉主宰企业命运的时代。信誉将成为市场竞争的主要手段，信誉领先是竞争的战略武器。

信誉是极为富贵的无形资产。企业信誉一旦形成，就会转化为巨大的物质力量，产生强大的"名厂""名店""名牌"效应。

保持信誉是一场永无止境的竞争！

请听信誉楼总经理张洪瑞是怎样说的。他说，赚钱的企业不一定是成功的企业，有信誉的企业才是成功的企业，因为有信誉的企业才能长久赚钱。

张洪瑞总经理道出了其中的奥秘。信誉楼曾经营业六年利润为零，一分钱也没赚。对这种结果，有人说信誉楼白干了六年，但信誉楼人认为，信誉楼六年的收获是无价的，信誉将在以后的经营中带来难以估算的效益。

事实证明，信誉楼人是对的。信誉楼不仅销售额日日上升，其辐射效应也令人吃惊。在黄骅市，可以说是信誉楼业务扩张到哪里，哪里的地段就升值。业内人士估算，该商场的信誉品牌已超过 1000 万元。

信誉楼虽然没有快速"致富"，但它找到了财富的源头——一块无人能及的信誉品牌，因此，信誉楼不求利润却挣来了大利润。

信誉楼是怎样打造这块信誉品牌的呢？信誉楼与客户交往的原则给了我们答案。

信誉楼与客户交往的原则是："我利客无利，则客不存；我利大客利小，则客不久；客我利相当，则客可久存我可久利。"

信誉楼与客户交往的三个小故事，也让我们知道了他们打造信誉品牌的路径。

故事一：一位顾客想要买一件蚕丝棉衣，已经准备付款了，售货员告诉她："这种衣服明天降价销售。"顾客不仅感激至极，而且惊呆了："世上还有这样为顾客着想的商家吗？"

故事二：有两位老人来信誉楼买电视，看到有人正在买某一种品牌的电视，便打算也跟着买一台同样的。但售货员却热情地告诉老人，那种品牌功能较多，价格也较高。那位顾客买这种品牌是用于歌舞厅的。于是，为两位老人介绍了一种操作简单、价格适中、更适合于家庭使用的机型。

故事三：一位顾客定做了一双加大码的鞋子，但不久又有亲友从外地给他捎回同样一双。这位顾客几经犹豫，还是找到商场："我知道定做鞋不能退，但我还想来试试。"售货员考虑到顾客的困难，还是给退了。

通过这三件小事，我们可以看到信誉楼的经营理念：诚信经营。他们不为短期利益所诱惑，而是从价格、质量、服务等一系列环节上，一点一滴、持之以恒地打造价值连城的信誉品牌。

可以说，信誉楼无利的6年，是他们"以利润换信誉，以信誉树品牌"的6年。

正是有了这信誉品牌，方圆百里的消费者都把这作为购物首选，甚至天津周边地区的许多消费者也舍近求远慕名前来这里购物。

张洪瑞坦诚地告诉同行："诚信具有三大特征：一是积累性。一个企业的诚信是靠一点一滴积累起来的，它要求你说到做到，持之以恒。二是增值性。诚信是企业的品牌。诚信高，人们相信你，生意就会红火，诚信的价值超过金钱。三是易碎性。诚信是一种特殊资源，你只有长期讲诚信，人们才会相信你，但你只要一次不讲诚信，那你以前的诚信就会丧失。所以，作为企业精心积累诚信、维护诚信，是企业成功的根本。"[1]

这是2006年的媒体报道，现在信誉楼已经发展为总资产数亿元、员工超万人的大型综合商场，并在青县、泊头各有一座一万平方米的分公司，在山东桓台、山东垦利、河北石家庄各建立一家子公司，在河北围场吸收第一家特许加盟店。

四、企业如何诚信管理经营

诚信对企业生存、发展、壮大的意义，是毋庸多言的。那么，在市场经济的条件下，作为企业如何才能做到诚信呢？人们在探求其路径。一般而言，企业要真正做到诚信，应该把握以下几个环节：

1.《诚信是最大的技巧》，黄骅在线，2006年8月11日。

（一）精益求精的产品质量

企业要做到诚信，首先要有精益求精的产品质量。精益求精的产品质量是企业的最大诚信。

搞建筑的，不偷工减料；做零售的，不短斤少两；制造物品的，不以次充好。

为什么北京的同仁堂三百余年来能始终赢得顾客的信赖？一个重要的原因，就是同仁堂一直恪守诚信的品德。从下面的故事中，我们可以看到同仁堂是怎样对药品质量精益求精的。

制造"紫雪丹"的古配方要求使用"金锅银铲"煎制。对于这一要求，多数医药制造商都是睁一只眼闭一只眼。但同仁堂却认为"修合无人见，存心有天知"，严格按照要求去做。

因为是创业之初，同仁堂没有金锅，也没有银铲。于是，主事者就动员家人把金银首饰拿出来打造金锅和银铲，从而确保了古方"紫雪丹"的药品质量。

一位同仁堂的老职工回忆说，同仁堂炒炙药材，规定操作人员必须时刻守候在锅边，细心观察火候，不时翻动药料。

有一次，他装料入锅之后，离开了一会儿。这被老师傅发现，对他大发雷霆："像你这么干，非砸了同仁堂的牌子不可。"从此以后的几十年里，这位老员工再也不敢有丝毫的马虎。

事实上，顾客买产品，就是买质量。如果他花了大价钱，买了伪劣产品；如果他买的产品，使用了不久就不能再使用了，他怎么可能对此厂家再信任呢？

（二）一丝不苟兑现服务承诺

顾客买产品不仅是买质量，还是买服务。因此，作为企业，对于自身的服务承诺，一定要一丝不苟地严格兑现。不能只说不做，或说得多做得少。

2006年春季，我购买了某品牌的煤气灶。保修单上承诺，将给顾客提供精良的售后服务。但是结果如何呢？

煤气灶使用了不到三个月，就无法打火了。我拨打了保修单上的电话，请维修点的人来维修。

接电话的人说："我们维修点只管五环路以内的客户，不管五环路以外的。你家住在五环路以外，我们不负责。我可以告诉你一个电话，你去找他们。"

我按照他给的电话打过去。对方说："我们维修点只管郊区的客户，不管城里的客户。你那儿属于城里，我们管不了。"

听了她的话，我气不打一处来：前一个接电话的人，认为我家住在郊区；她却认为我家住在城里。相互推诿。于是，我便质问她："你们卖煤气灶的时候，怎么不说是五环路边上的不卖？"她见我发火，便把电话挂了。

我无奈，只好通过网络查找厂家的电话。电话打过去，接电话的人冷冰冰地说了一句："知道了，等给你协调一下。"

结果，这一协调，就协调了16天，才最终把煤气灶给修好了。

后来，我又给那个煤气灶生产厂家打了电话，告诉他："以后你们的煤气灶，就是白给我都不要。"当然，我知道他也不会白给，只是表达自己的气愤而已。

这种承诺不兑现的企业，哪里有诚信可言？

（三）以诚信理念管理企业

管理企业有许多方法，但最根本、最有效的方法，就是以诚信为基础的管理思想。

以诚信为基础的管理能使企业在日益激烈的市场中战胜竞争对手，立于不败之地。美国通用电气公司就是靠诚信的管理思想而不断走向辉煌的。

常有人问通用电气总裁韦尔奇："在通用电气，你最担心什么？什么事会使你彻夜不眠？"这位在全球备受推崇的 CEO 回答："诚信。"

韦尔奇明确告诫员工，诚信是通用电气全体员工 100 多年来所创造的无价资产，如果违反了这两个字，公司将停滞不前。

作为一家全球性的跨国公司，通用电气在 100 多个国家开展业务，员工的国籍各不相同。为了规范公司的业务经营活动以及员工的行为，通用电气制定了员工行为准则，并在此基础上又制定了一整套的诚信制度。在执行诚信政策时，通用电气不仅要求自己的员工严格遵守，还要求所有代表公司的第三方，如代理、销售代表、经销商等承诺使用通用电气的诚信政策。

接触通用电气公司，我们会发现，这里的员工人手一本公司诚信政策手册。每到年末，公司便与员工签署"员工个人的诚信承诺"。

这一诚信政策涵盖了与客户和供应商的关系、与政府部门的交往、全球性的竞争、公司社区和保护公司资产等内容。如诚信政策规定，员工只能通过合法和符合道德标准的方式来开展业务，不得为获取不当利益而向客户或供应商提供任何好处。再如，公司要求员工不得从供应商、客户或竞争者处接收超过一般价值的礼物。

通用还有个特殊的"黑名单"，专门列出那些企图行贿的承包商或供应商，以提醒每位员工在进一步的接触中提高警惕。

不独美国通用电气公司，"综观华商的创业历程，没有哪一个成功的人是不讲诚信的，"年届古稀的香港中华总商会副主席"金利来"的创始人曾宪梓语声铿锵。前来参加第六届世界华商大会的曾宪梓，谈及华商的成功之道，特别强调"诚信"的关键性作用。"广东话讲'牙齿出金石'，就是说一言九鼎，落地成诺。无论企业大小，都要以诚信作为首要的出发点。"曾先生言辞恳切。

经历过白手起家、艰苦创业的曾宪梓，创业初期曾为信守与销售商之间的口头承诺而宁愿自己亏本，以诚信品格传为商界佳话。他曾对他的员工说："无论各地的情况如何不同，各个顾客的要求如何有差异，只要我们以诚待客，遵从企业训条，一切问题都可以得到解决。"

正是本着这一精神，曾宪梓与许多顾客建立了很好的朋友关系。

一次，有位瑞典顾客戴着"金利来"真丝领带去打网球。结果，汗水使他所戴的领带脱色，并将他的T恤衫给染了。这位顾客很生气，就给金利来公司写了一封信，投诉真丝领带脱色问题。

曾宪梓知道这件事以后，亲自接待了这位顾客，认真地向他解释了领带脱色的原因："真丝领带很容易沾汗，而汗水则会使领带起化学作用而脱色。"随后，曾宪梓赔偿了他一件新T恤和一条新领带，并详细地介绍了真丝领带的使用和保养方法。顾客非常满意，他高兴地对曾宪梓说："您对顾客的真诚的确令我敬佩。"

曾宪梓这位经商40载的企业家对媒体讲，"勤俭诚信"是他人生的座右铭，因为"勤可使人从无变有，创造财富；俭是必要的积累；诚能使人广交朋友，获得更多机会；信能使人把握住机会，获得成功。"他还赠语浙江大学的学生："勤俭诚信＋智慧＝成功。"这是他一生经商经验的总结。

青岛电信也是以诚信赢得市场的。我们先来看看发生在青岛电信的两个小故事：

故事一：2002年3月，山东青岛市电信分公司总经理王智礼收到了一封广西桂林陈先生寄来的感谢信。信中说，他于去年12月的一天，打电话给青岛电信1000号，询问他几年前在青岛购买的一张50元的磁卡没用能否兑换成IC卡，没想到19号话务员愉快地为他办理了换卡手续，还自费用挂号信把卡寄给了他。陈先生在信中说，青岛电信的服务是诚信服务。

故事二：在全国"青年文明号"杭州路营业厅里还有着这样一件小事。两年前的一天，该厅来了一位王大妈，要求打印电话清单，并无意说出了自己家离这儿远，来一趟很不方便。说者无心，听者有意，从这一天起，营业员孙燕和大妈就有了一个约定，每月9日上午9点整，小孙就会用电话告诉大妈电话费用情况，王大妈每月不用跑了。如今，小孙和王大妈的这种电话联系已经持续了两年半，王大妈深深感受到了青岛电信的真情。

表面上看，兑换、邮寄一张IC卡，打个电话通报费用情况，是一件简单的小事，但这简单的小事却映射出青岛电信重要的管理思想。这重要的管理思想就是诚信为本。

青岛电信用诚信的管理，赢得了市场，并被评为山东省文明单位。

"在商言商"，这话常挂在一些从事商业活动者的嘴边。在他们看来，只要涉足商海，就不能讲诚信，而且得学会尔虞我诈。这是一种极为可怕的想法。

殊不知，诚实守信是有远见卓识的企业家所应具备的基本素质。换句话说,企业要想生存发展,就必须讲究商德,恪守诚信。如果欺诈消费者,只图一时大把捞钱,用不了多久,就会走上衰败之路。

号称"陕西民企第一股"和"中华珠宝第一股"的达尔曼,就是因为欺诈而成为证券市场第一只真正死去的股票。

达尔曼成立于1993年10月,主营珠宝玉器加工、销售,是陕西第一家上市的民营企业。公司董事长许宗林曾两度名列《福布斯》中国内地"百富榜"。

然而,就是这位荣登"百富榜"的"牛人",却从企业一上市,就指使公司财务人员疯狂地造假。他们"编造公司经营业绩、生产记录;伪造资金转入转出痕迹;虚增资产消化账面虚增资金;虚假业绩支撑继续融资"等。

后来的调查表明,达尔曼上市8年,至少90%以上的收入都是假的,其从上市到退市,在长达8年之久的时间里都是靠造假过日子的。

假的就是假的。一旦露出了假象,就一败涂地了。2005年3月25日,达尔曼被终止上市。中国股市由此出现了建立14年来,第一只真正死去的股票。[1]

---

1. 王大军:《第一只真正死去的股票:达尔曼虚假陈述走向末路》,《世纪经济报道》,2008年1月8日。

第六章

治国理政以诚信为本

治国理政离不开诚信。早在两千多年前,孔子就强调,治国理政,即使"去兵""去食",也不能"去信",因为"民无信不立"(《论语·颜渊》)。不仅如此,孔子还提出"信"是国与国相交的道义标准:"道千乘之国,敬事而信"。

诚信 决定存亡

一、诚信是官德的重要组成部分

经商,要有商德;从医,要有医德;为官,要有官德。诚信就是官德的一个重要组成部分。

(一)诚信,才能奠定领导与执政的基础

古希腊神话中有一个著名的英雄名叫安泰。他是地神"盖娅"的儿子。安泰力大无比,但他的力量都是来自大地。

战斗中,只要他的身体不离开大地,他就所向无敌,任何人都奈何他不得。而一旦离开大地,他就丧失了力量,无能为力。他的对手赫拉克勒斯发现了他的这个致命弱点。于是,在一次交战中,赫拉克勒斯将他举到了空中。结果,安泰失去了生命。

安泰所依托的大地,就是人民群众。中国共产党之所以能取得领导、执政地位,也是紧紧依靠人民群众的结果。

2011年7月1日,在庆祝中国共产党建党九十周年大会上,胡锦涛同志发表了重要讲话。他在讲话中指出,90年来,我们党团结带领人民在中国这片古老的土地上,书写了人类发展史上惊天地、泣鬼神的壮丽史诗,集中体现为完成和推进了三件大事。

第一件大事,我们党紧紧依靠人民完成了新民主主义革命,实现了民族独立、人民解放。

第二件大事,我们党紧紧依靠人民完成了社会主义革命,确立了社会主义基本制度。

第三件大事,我们党紧紧依靠人民进行了改革开放新的伟大革命,

开创、坚持、发展了中国特色社会主义。

他还指出，90年来，我们取得的一切成就，是一代一代中国共产党人同人民一道顽强拼搏、接续奋斗的结果。90年来党的发展历程告诉我们，来自人民、植根人民、服务人民，是我们党永远立于不败之地的根本。

他强调，全党同志必须牢记，密切联系群众是我们党的最大政治优势，脱离群众是我们党执政后的最大危险。我们必须始终把人民利益放在第一位，把实现好、维护好、发展好最广大人民根本利益作为一切工作的出发点和落脚点，做到权为民所用、情为民所系、利为民所谋，使我们的工作获得最广泛最可靠最牢固的群众基础和力量源泉。

实践证明，作为党的领导干部，只有紧紧依靠人民群众，才能有无穷无尽的力量；如果脱离了人民群众，则将一事无成。

紧紧依靠人民群众，就要真心诚意地对待人民群众，承诺的就要兑现，说话就要算数。只有这样，才能赢得人民群众的信任与支持。

（二）诚信，才能"浩然正气照千秋"

正气，是指正大光明、公正无私的作风或风气；正直坦荡、刚正不阿的气节；坚持真理、坚持正义的精神品质。

领导干部只有讲诚信，才能具有浩然正气。一个谎话连篇，弄虚作假的人，怎么可能具有浩然正气呢？

浩然正气是一种崇高的精神境界，是一种惊天地、泣鬼神的品格和节操。

历史经验告诉我们，具有浩然正气的人和群体，呈现的是勃勃的生机；而那些为邪气所缠绕的人和群体，显现的则是日薄西山的衰落。因此，我们中华民族自古以来就有重视浩然正气养成的深厚传统。

在我国，最早提出浩然正气的是生于两千多年前的孟轲老先生。一次，他与弟子公孙丑讨论意气感情与思想的关系。讨论中，孟子对公孙丑说："思想意志是意气感情的主帅，意气感情是充满体内的力量。思想意志到了哪里，意气感情也就在哪里表现出来。所以说，'要坚定自己的思想意志，也不要滥用自己的意气感情。'"

听了孟子的话，公孙丑问："您既然说思想意志到了哪里，意气感情也就在哪里表现出来，那么，您为什么又说既要坚定自己的思想意志，同时又不要滥用自己的意气感情呢？"

孟子回答说："思想意志和意气感情这两者是可以相互影响的。思想意志若专注于某一方面，意气感情就会为之转移；意气感情假若也专注于某一方面，也一定会影响到思想意志，其思想意志不能不为之动荡。譬如跌倒和奔跑，这只是气体上专注于某一方面的震动，然而也不能不影响到思想，造成思想的浮动。"

公孙丑问："请问老师，您在哪一方面有优势？"

孟子回答说："我善于分析别人的言辞，也善于培养我的浩然之气。"

公孙丑又问："请问什么叫作浩然之气呢？"

孟子回答说："这很难说。那种气，最伟大，最刚强。如果用正义去培养它，一点也不伤害它，它就会充满上下四方，无处不在。那种气，必须跟道和义相配合，缺乏它，就没有力量了。那种气，是由正义的经常积累所形成的，不是偶然的正义行为所能取得的。只要做一件有愧于心的事，那种气就会疲软了。"

该段话的原文是："夫志，气之帅也；气，体之充也。夫志至焉，气次焉。故曰：'持其志，无暴其气。'"

"既曰，'志至焉，气次焉。'又曰，'持其志，无暴其气。'何也？"

曰:"志壹则气动,气壹则动志也。今夫蹶者趋者,是气也,而反动其心。"

"敢问夫子恶乎长?"

曰:"难言也。其为气也,至大至刚,以直养则无害,则塞于天地之间。其为气也,配义与道;无是,馁也。是集义所生者,非义袭而取之也。行有不慊于心,则馁也。"(《孟子·公孙丑》)

这里,孟子对浩然正气的意义、养成做了具体的论说。他认为,一个人如果有了"至大至刚"的浩然正气,就可以立于天地之间而无所愧怍,无所畏惧。而浩然正气的养成不是偶然获得的,是长期培养的结果,并且不能有丝毫的懈怠与疏忽。即使是一次不良的行为,也会使浩然正气丧失殆尽。

孟子还认为,对于一个人来说,浩然正气的主要表现就是:"富贵不能淫,贫贱不能移,威武不能屈"。意思是说,富贵不能使他的心惑乱,贫困不能使他的节操改变,威武不能使他的意志屈服。

(三)诚信,才能"留得清白在人间"

我们中华民族不仅有着重视浩然正气养成的深厚传统,而且在行动中,也把忠贞正直、刚正不阿、光明磊落、公正无私、诚实守信当作自己做人的基本原则。因此,涌现出许许多多重名节如泰山,轻利欲如鸿毛的志士仁人。从汉朝的苏武,到宋代的文天祥,以至明时的于谦,都是浩然正气惊天地、泣鬼神之人。

公元前100年,匈奴贵族在汉军的沉重打击下,不得不收敛起嚣张的侵略气焰,要与汉朝讲和。于是,汉武帝交给苏武一根使节杖,让他以国家使者的身份出使匈奴,以使两国的关系正常化。苏武虽然知道匈奴贵族出尔反尔,不守信用,但为了国家和民族的利益,他仍然义无反顾地拿着使节杖,前往匈奴。果然不出所料,匈奴表面上要讲和,实际上并无讲和的诚意。因此,当苏武到达匈奴后,便被匈奴扣押了。

匈奴王派人劝降苏武。苏武不从。他说:"我辜负了汉王的厚望,使国家受辱,我还有何面目返回汉朝。我也绝不能为丧失气节而苟且偷生。"于是,拔剑自刎。后经匈奴御医抢救,才脱离生命危险,活了下来。

匈奴王见劝降不成,便将他关押进地窖里,并断绝了粮水,企图用寒冷和饥饿来迫使他投降。然而,面对寒冷和饥饿,苏武毫不畏惧。他住在冰冷的地窖中,渴了吞雪块,饿了啃毡皮。但就是宁死不投降。

匈奴王见寒冷和饥饿也吓不倒苏武,就将他流放到荒无人烟的北海(今贝加尔湖一带),让他在那里牧羊。苏武在北海,"历尽难中难",但却"心如铁石坚"。他终日手持使节杖,期盼着有朝一日活着回到祖国。

公元前81年,在匈奴整整苦熬了19年的苏武,手持早已破旧不堪的使节杖回到了长安。此时的苏武,已是须发皆白,瘦骨嶙峋,显见是浩然正气支撑着他那衰弱的身躯。历史已经走过了两千多年,但苏武的高尚气节却依然在世间存留。

文天祥是我国南宋末年著名的民族英雄。在他的身上,我们看到的也是凛然的正气。

南宋理宗时,宋王朝日趋腐朽,内忧外患日益加剧。1259年,蒙古军队大举南下,宋理宗不知所措。此时,文天祥毅然挺身而出,率兵抗敌。1278年,文天祥不幸被捕。面对敌人,文天祥大义凛然,宁死不跪。在羁押他的船经过零丁洋时,他触景生情,写下了著名的诗篇《过零丁洋》,其中"人生自古谁无死,留取丹心照汗青"的诗句成为千古正气歌。

于谦是明代著名的民族英雄。他用"三生不改冰霜操,万死常留社稷身"；"但令名节不堕地，身外区区安用求"；"粉身碎骨浑不怕，要留清白在人间"的浩然正气，为我们这些后人树立了榜样。

（四）诚信，才能"粉身碎骨浑不怕"

领导干部只有讲诚信，才能信仰坚定，忠贞不渝，为共产主义而奋斗终身。

马克思主义是久经考验、颠扑不破的真理，是我们的行动指南。只有坚定对共产主义忠贞不渝的信仰，我们才能获得强大的精神支柱和精神动力，才能做到光明磊落，胸怀远大，甚至牺牲生命也在所不惜。

1928年2月，由于叛徒出卖，夏明翰同志在武汉被捕。在狱中，他充分表现了共产党员的崇高气节。

一天，一位法官前来劝降。他对夏明翰说："夏先生，如果你放弃自己的信仰，与我们通力合作，我们蒋总司令是不会亏待你的，一定会让你做更大的官。"

夏明翰同志轻蔑地瞟了法官一眼，冷笑道："你们的蒋总司令，全国人民哪个不知道？蒋介石是上海滩上的大流氓，国民革命的叛徒，大官僚、大地主、大资本家和帝国主义的走狗，新老军阀的总代表！他屠杀劳苦工农，欠下千年的血债，这笔账总有一天要同他算！"

法官见用高官打动不了夏明翰，便又用亲情来打动他："夏先生，凡事要三思而行。你年纪轻轻，上有老母，中有爱妻，下有娇儿，你就这么随随便便地抛弃亲人，未免太可惜了吧！"

夏明翰听了法官的话，放声大笑，义正词严地对法官说："为共产主义奋斗终生，我已不是三思而行，而是百思而行。我可以牺牲我的生命，但决不能放弃我的信仰。"

法官被驳得目瞪口呆。他声嘶力竭地吼道:"夏明翰,你就真的不怕杀头?"

夏明翰同志大义凛然地回答:"怕杀头?怕杀头就不来革命了!"

敌人恼羞成怒了。他们用铁丝穿夏明翰同志的鼻梁,给他灌辣椒水,几乎用尽一切酷刑,但都没有使他屈服。敌人无计可施,便丧心病狂地宣布将他"就地处决"。

夏明翰同志高呼着革命口号,高唱着《国际歌》走上了刑场。敌人要他跪下,他却巍然屹立着,连腰也不弯。执刑官问他:"你死到临头,还有什么话要说?"

"有,给我纸和笔!"夏明翰同志一抖镣铐,大声地说。敌人拿来了纸和笔。夏明翰同志用他戴着镣铐的手,抓起毛笔,饱蘸浓墨,写下了一首光耀千古的就义诗:

砍头不要紧,只要主义真。杀了夏明翰,还有后来人。

夏明翰同志写完就义诗,将毛笔往地上一扔,高昂着头厉声喝道:"开枪吧!"

夏明翰同志倒在了敌人的枪口下,但他那视死如归的革命英雄气概,忠诚信仰的高尚品格,却永远令后人景仰、敬佩。

二、治国理政不可缺少诚信

"君臣不信,则百姓诽谤,社稷不宁;处官不信,则少不畏长,贵贱相轻;赏罚不信,则民易犯法,不可使令。……其唯信乎!信而又信,重袭于身,乃通于天。以此治人,则膏雨甘露降矣。"这是《吕氏春秋》中的一段话。

这段话论述的是诚信在治国理政中的作用：君臣不讲诚信，百姓就会批评指责，国家就不安宁；为官不讲诚信，年轻的就不会敬畏年长的，地位尊贵的和地位卑微的就会相互轻视；赏罚不讲诚信，百姓就会轻易地犯法，不可以使他们听从。……只有诚信，诚信了再诚信，诚信重叠于身，才能与天意相通。靠诚信来治国理政，管理百姓，一切就能顺利畅达。这段话真可谓是真知灼见。

（一）诚信，是治国理政的法宝

著名史学家司马迁明确指出："夫信者，人君之大宝也。国保于民，民保于信，非信无以使民，非民无以守国。是故古之王者不欺四海，霸者不欺四邻，善为国者不欺其民，善为家者不欺其亲。不善者反之。欺其邻国，欺其百姓，甚者欺其兄弟，欺其父子。上不信下，下不信上，上下离心，以致于败。所利不能药其所伤，所获不能补其所亡，岂不哀哉！"[1]

在司马迁看来，"信"是治理国家、管理社会的法宝。要想保住国家的政权，必须取信于民。如果国与国之间、上与下之间、家庭亲属之间都相互欺骗，互不信任，就会分崩离析。国家之间就要爆发战争，国家政权就不会稳固，家道就会衰落。即使是用欺骗带来些许好处，也不能医治因欺骗所带来的创伤，也不能弥补因欺骗所遭受的损失。

事实证明，诚信的确是治国理政的法宝。有了这一法宝，才能外敌不敢欺，内寇不敢骗，国家安宁，百姓团结。正因为如此，有识之士，注重诚信治国理政。

---

1. 司马迁：《资治通鉴·卷二》，中华书局1987年4月版。

（二）推行治国方略，要用诚信来保障

新的治国方略的提出，也要有诚信来作为保障。这一道理，早在数千年前，就为执政者所清楚。商鞅就曾经以"广告"的形式来展示他的诚信，以此来推动他的改革措施的实施。

公元前 356 年，秦国新上任的官员商鞅，在秦孝公的支持下，主持变法。

商鞅对秦孝公讲："疑行无名，疑事无功"。在商鞅看来，行动有疑虑，就干不出名堂；做事有疑虑，就干不出任何效果。因此，为了表明他的决心，表明他说话算数，他让人在咸阳城南门外竖立了一根 3 丈长的木杆。

木杆竖立好之后，他贴了一个告示："谁能将这根木杆搬到北门，奖赏十金。"

聚集在告示下的人很多，但没有人相信这是真的："这是什么难事，赏这么多金。"结果，谁也不动手去扛。

商鞅见没有人去扛它，就又宣布："谁能将这根木杆扛到北门，奖赏五十金。"

这时，有个壮汉走上前去，把这根木杆扛到了北门。商鞅立即赏了他"五十金"。

知道这件事的人都说商鞅诚实守信。于是，他的新法在秦国推行了起来。

（三）治理好天下靠的是诚信

唐太宗李世民是历史上著名的开明君主。当时的中国在他的治理下，社会相对安定，百姓相对安居乐业，国力相对强大，人称"贞观之治"。

"贞观之治"局面的形成自有多方面的原因，但用诚信来治理国家、

管理社会不失为一个重要的因素。下面的故事从一个侧面反映出唐太宗治理国家、管理社会的思想。

贞观初年,有人上书唐太宗,请他斥退身边那些佞邪的臣子。唐太宗问上书者:"我认为所任用的臣子,都是贤臣,你知道谁是佞邪的臣子吗?"

上书者回答说:"我住在民间,的确不知道谁是佞臣。请陛下假装发怒来测试一下您身边的大臣。如果有人不怕雷霆之怒,直言进谏,那就是正直的大臣;如果有人依顺陛下的心情,迎合陛下的旨意,那就是佞臣。"

唐太宗听了这话,对大臣封德彝说:"流水是否清浊,关键在于源头。君主是执政的源头,臣民就好比流水。君主自行欺诈,就好似水源浑浊而欲使流水清澈,是没有这种道理的。我向来以为魏武帝曹操言行诡诈,很鄙视他的为人。若是我也这样做,我怎么能对百姓施行教化呢?"

随后,唐太宗又对上书人说:"我要使大信行于天下,不想用诈骗的方法来淳正风俗。你的建议虽然出自好意,但我是不能采纳的。"

明朝开国皇帝朱元璋出身贫苦。他放过牛,讨过饭,还当过和尚。然而就是这样一位放牛娃、小和尚,竟能打下天下,并将国家治理得井井有条。

他在总结其经验时说,他能统一天下、治理好天下的根本原因是"布信义,守勤俭"。事实的确如此。

"守勤俭"虽然是一条重要的治国经验,但不在本书的论证范围之内,所以,我们将它放下。这里仅说朱元璋的"布信义"。

朱元璋的"布信义"主要表现在他能令出必行,说话算数,从不失言。下面,我们择其一二件事来说明。

朱元璋曾做过和州总管。他上任伊始,就布告州中父老:"元失其政,干戈烽起,我来为民除乱,其各安堵如故,贤士我礼之,旧政不便者除之,吏无贪暴害我民。"在他任和州总管期间,就一直按此行事。使得百姓安定，民心乐附。

而当他得天下，成为一国之君以后，也依然"布信义"于天下。承诺的事决不反悔。

公元1368年旧历十一月间，山西汾州地方官上奏说："夏收的时候，因为我们这儿闹旱灾，所以朝廷免了百姓的税赋。现在秋季丰收，老百姓都愿意缴纳税赋，请朝廷下令征收。"

朱元璋接到奏折，对侍臣们说："此人盖欲剥下益上，以觊恩宠。所说聚敛之臣，此真是矣。既遇旱，后虽有收，仅是给食，况朝廷既已免其租，岂可复征之？昔孔子论治国宁去食，不可无信。盖反征之，岂不失信乎？夫违理而得财，义者所耻，厉民以欲，仁者不为。"于是，将山西汾州地方官所奏请的事予以拒绝。

这段故事记载在《明太祖训》中。由上面所叙述的事实，我们可以看出，朱元璋的确是一个很守信用的君主。相比之下，那位汾州地方官就要逊色得多了。

朝廷曾下令免除百姓的税赋，免后而再征，就涉及是否讲信用的大问题了。汾州地方官不明此理，只看见白花花的银子，看不到诚信对民心的重要作用。而朱元璋深知诚信重于税赋。重新征收税赋，朝廷虽然会得到大量的银子，但却失信于民，一个失去民众信任的朝廷如何治国？因此，他严厉地批评汾州地方官"欲剥下益上，以觊恩宠"，并说这位地方官是"聚敛之臣"。

三、政务诚信不容乐观

所谓政务诚信，是指公权力的执掌者在政务活动的过程中，履行对公众的责任，信守对公众的承诺的行为表现。它包括政府领导和各级公务人员在执行公务活动的过程中真诚不欺，守信不诈。

改革开放以来，党和政府一直高度重视政务诚信的建设，并取得了一定的成效，但尽管如此，政务诚信的状况依然是不容乐观。其主要问题突出在以下几个方面：

（一）有些政府部门制定政策朝令夕改

公共政策应该具有相对的长期性、延续性，不应该朝令夕改。这样才能保证政策的权威性和可信度。但事实上，有些政府部门却是制定政策很随意，出台政策很随便，甚至朝令夕改。

政策朝令夕改，不仅会造成行政资源的浪费，更会损耗政府的信誉，损害政府的公信力。进而影响政府的权威性和政治形象，严重的还会使政府丧失组织能力、协调能力，甚至政府的指挥能力，从而影响国家经济社会的发展。

朝令夕改不可取，并不是说所有的政策都不能改。对那些不切实际、不合时宜的政策，该改还得改，而且还需要快改。问题是正确的政策一定要一以贯之地执行。这就要求政府部门出台各项政策必须极为慎重。制定政策时一定要广泛听取群众意见，充分发扬民主，反复进行论证，尽量使政策制定得符合实际，避免朝令夕改，影响政府诚信。

（二）有的领导干部对群众的承诺不去兑现

作为一个诚信的政府及其部门、一位诚信的领导干部来说，承诺了，就必须要兑现。做到言而有信、言行一致。如果承诺了不兑现，不但得不到人民群众的信任，丧失信誉，而且吊起了群众的胃口，产生更高的利益诉求。

道理很清楚，但是在实践中，有的政府及其部门、有的领导干部却是承诺随意，兑现无意。承诺不去兑现，没有诚信，会让人民群众对政府及其部门、对领导干部失去信任，久而久之，政府及其部门、领导干部的公信力就会丧失。

某地实施"城乡建设用地增减挂钩项目"。为了这一项目，1277户农民的房屋被拆除，宅基地被改为耕地。

在拆除住房之前，当地政府向农民承诺给其中700多户在异地盖新房，其他享受货币补偿。

但是，七八个月过去了，农民房屋早已拆除，复垦的土地上已经长出了庄稼，而政府部门事先承诺的安置却迟迟没有兑现。

不少农民无房可住只得住在临时搭建的茅草棚中，生活条件极为恶劣，村民们心急如焚，不知道到底什么时候才能搬进自己的新家。

（三）为了所谓的"政绩"弄虚作假

政绩，是为政之绩。执政者追求"政绩"，无可厚非。这就像在校的学生，都想取得好成绩一样。但问题的关键是这种成绩如何取得。

有些政府及其部门、有些领导干部为了所谓的"政绩"而弄虚作假。为迎合上级口味，报喜不报忧；为急功近利，搞形式主义；为"完成"任务，夸大事实。这种政绩不是真正的政绩。真正的政绩，体现在政绩的内容上，应该是实实在在、有利于地方和单位的建设与发展；在创造政绩的目的上，应该是为党、为人民，而不是为了一己之私；在创造政绩的途径上，应该是脚踏实地，而不是投机取巧，竭泽而渔。

四、为官从政不讲诚信是十分危险的

从总体上讲，我们党的各级领导干部的诚信道德是健康、向上，呈现出良好态势的。但是，毋庸讳言，我们的干部队伍也存在着严重的不讲诚信的行为。有的言实不符，轻诺寡信；有的弄虚作假，口是心非。

对于领导干部不讲诚信的行为，我党向来是深恶痛绝。早在1945年4月，毛泽东同志就说过，要讲真话，不偷、不装、不吹。偷就是偷东西，装就是装样子，"猪鼻子里插葱——装象"，吹就是吹牛皮。讲真话，每个普通的人应该如此，每个共产党人更应该如此。

1959年，毛泽东又告诫全党，一切大话、高调，切不可讲，讲就是十分危险的。

邓小平同志也反复强调："要敢说真话，反对说假话，不务虚名，多做实事"。

江泽民同志继承了老一辈无产阶级革命家实事求是的革命传统，将"坚持说老实话、办老实事、做老实人"作为对全体共产党员，首先是各级领导干部的基本要求，提到了全党同志的面前。

胡锦涛同志不仅要求全党同志要讲真话，讲实话，以诚实守信为荣，他自己更是喜欢听真话，听实话。

2006年5月12日上午，胡锦涛同志来到西双版纳州景洪市基诺山乡札吕村，看望这里的基诺族群众。他在跟村里的乡亲们座谈时，诚恳地说："希望听到大家的心里话……"群众的心里话，就是真话，就是实话。

习近平总书记在不同场合对诚信的重要性都做过重要的阐述。他在巴基斯坦议会的演讲中说道：巴基斯坦认为"诚信比财富更有用"，中国认为"人而无信，不知其可也"，两国传统文化理念契合相通。他在辽宁考察时，要求领导干部自觉讲诚信、懂规矩、守纪律。

为什么我党向来对领导干部不讲诚信的行为深恶痛绝？因为领导干部不讲诚信，会给国家、给党和人民的事业带来严重的危害。

（一）"官德毁，则民德降"

"上梁不正下梁歪，中梁不正倒下来。"领导干部是人民群众的表率，"官风"决定民风。"官德毁，则民德降"。

我们党是执政党，党的领导干部的行为，不仅直接影响党自身的素质和执政能力，而且直接影响到社会风气。

领导干部失信，是一种"有害的病菌"。它会对整个社会的诚信风气带来恶劣的影响。

（二）有公信者昌，失公信者亡

执政党的公信力是执政党在人民群众中所享有的公众信任度。执政党在人民群众中的公信力，是执政党执政的根本基础。维护和提高中国共产党的公信力，已经成为党执政不能回避的重要问题。

执政党的公信力主要来源于执政党的诚信。如果作为党的执政骨干的领导干部弄虚作假，欺上瞒下，执政承诺不能兑现，执政党在人民群众中的公信力就会降低。

如果作为党的执政骨干的领导干部在台上讲官话，在台下讲鬼话，阳奉阴违，"各吹各的号，各唱各的调"，执政党在人民群众中的公信力，又怎么能存在？

苏联和东欧社会主义国家执政党的垮台就表明：如果一个政党丧失了公信力，这个政党就要丢掉执政的资格。

（三）水能载舟，亦能覆舟

广大党员干部和人民群众的衷心拥护和支持，是党执政的阶级基础。领导干部如果失信，并且还形成一种风气的话，就会使广大人民群众对党失去信任。正像有的同志所说的："没有一个政治团体因掩盖真实，而增加人们信任的；信任危机往往是不讲真话，歪曲和掩盖事实真相的结果。"人民群众如果对党失去信任，怎么会衷心拥护和支持执政党呢？

而一个没有群众支持和拥护的党，是不可能生存的，也更谈不上发展了。

古人云："水能载舟，亦能覆舟"。中国共产党只有紧紧依靠人民群众，才能有无穷无尽的力量；如果脱离了人民群众，则将一事无成。国民党政府的垮台、失败更是充分地证明了这一点。

在国民党统治期间，官员弄虚作假，极度腐败堕落。他们大肆搜刮民财，中饱私囊，致使民不聊生；他们在老百姓头上作威作福，视百姓如草芥。正是这种腐败堕落，使国民党自己为自己挖掘了死亡的坟墓。

事实证明，如果没有人民群众的支持，没有人心所向，我们是不可能打败日本侵略者，也不能推翻蒋家王朝，建立新中国的。在电影《风雨下钟山》里，有这样一个镜头：

以周恩来为首的中国共产党代表团与以张治中为首的国民党代表团在北平举行谈判。在谈判接近尾声的时候，传来了中国人民解放军占领南京的消息。张治中低头叹道："这是天意如此！"听了张治中的话，周恩来同志立即予以严肃地更正："不，是民意如此！"

"天意""民意"，虽然只是一字之差，但反映的却是不同的思想意识。张治中把国民党败亡的原因归结于"天"，而周恩来则科学地揭示了国民党败亡的真正原因：民心向背是国家生死存亡的关键。国民党失去了民心，所以，灭亡是必然的。

五、领导干部如何做诚信的表率

富兰克林讲："一个良好的示范，才是最佳的训词。"讲诚信，领导干部必须要做表率。领导干部如何才能成为讲诚信的表率呢？

（一）提高诚信的基本素质

概括说来，领导干部诚信的基本素质主要包括以下几个方面的内容：

一是坚强的党性原则。讲诚信，是领导干部真理在身、正义在手、坚持党性原则的重要标志。

作为党的领导干部，无论何时何地，在任何情况下，都必须按照党性原则办事，坚定地站在党和人民的立场上，坚决维护党和人民的利益，这是领导干部做事的立足点和出发点。

二是求真务实的工作作风。求真务实的本质和要义，是一切从实际出发，按客观规律办事，实事求是。求真务实，才能诚实守信。

三是对党和人民负责的态度。毋庸讳言，我们现在有些地方、有些单位，人们习惯于看领导的眼色行事。在这种环境中，讲诚信是需要勇气和魄力的。

培养这种勇气和魄力，关键是要有对党和人民负责的态度。有了这种态度，领导干部才能不计较个人得失，对党、对人民忠诚老实，讲真话，守信用。

（二）始终保持高尚的诚信道德要求

苏联著名文学家高尔基曾经说过:"一个人追求的目标越高,他的才力就发展得越快,对社会就越有益;我确信这也是一个真理。"

事实上,诚信的实践也是如此。领导干部如果能始终保持高尚的诚信道德要求,就能在这一高标准的要求下,不断地修正自己的言行,严格按照诚信的道德要求去做,从而成为"一个高尚的人,一个纯粹的人,一个有道德的人,一个脱离了低级趣味的人,一个有益于人民的人"。

（三）培养讲诚信的道德习惯

当一个人不再时时事事需要经过诚信道德思考,而是自然而然地按照一定的诚信道德要求去指导自己的行为时,他就养成了一定的诚信道德习惯。

诚信道德习惯不仅是诚信道德认识、诚信道德情感、诚信道德意志、诚信道德信念的有机融合,而且是一定诚信道德行为反复积累而成的结晶。

毛泽东同志说过:"一个人做点好事并不难,难的是一辈子做好事,不做坏事,一贯地有益于广大群众,一贯地有益于青年,一贯地有益于革命,艰苦奋斗几十年如一日,这才是最难最难的啊!"这说明良好的诚信道德习惯来之不易,只有具备了它,才能真正称得上是具有高尚诚信道德的人。

"积小节而成伟大"。领导干部良好的诚信道德习惯的形成不是一蹴而就的,它是平时不断积累的结果。因此,领导干部要从小事做起,从点滴做起。

第七章

知识的殿堂需要诚信来守护

　　知识的殿堂应该是一片净土。尽管知识可以给人类造福，给人类带来财富，但知识殿堂本身应该是纯净的。这里没有世俗，没有铜臭，没有虚假，有的只是对真理的探索，只是对真理的追求。

　　话说着简单，听着也似乎很容易。但让知识殿堂保持圣洁却不是一件容易的事。它不仅需要真理探索者忘我的奉献精神，还需要诚信的高尚品德。

一、有诚信才能成为真理的住所

知识的殿堂怎样才能成为真理的住所,成为事实的生存地,成为圣殿?答案是,要用诚信来精心守护。

用诚信来精心守护知识的殿堂,要求真理的探索者和追求者能做到:

(一)心中只有真理,没有世俗

具有诚信高尚品德的真理探索者和追求者,心中只有真理,没有世俗。世界著名免疫学先驱琴纳(1749—1823年)就是这样一位真理的探索者和追求者。

二百多年前的一个秋天,英国牧区的一个县医学会正在开会。

轮到医师琴纳发言了,他兴奋地向在座的同行报告说,用牛痘接种可以使人免除天花。

琴纳的报告刚完,会场上就炸了锅。一位医生站起来说:"琴纳先生认为接种牛痘可以使人免除天花,这是把人当作下贱的牲口。"

另一位医生接着说:"给人接种牛痘,这简直就是亵渎神明。"

对于同行的激烈反应,琴纳早有所料,但事情比他想象的还要糟。

"如果琴纳先生坚持自己的观点,他有没有资格行医,就值得怀疑了。"一位医生阴阳怪气地说。

另一位医生马上附和道:"如果他继续在这方面进行研究,就应该把他开除出县医学会。"

"对!我提议投票表决,立刻开除琴纳!"

多亏会长说了几句公道话,才平息了这场风波。

风波虽然暂时平息了,但琴纳知道,如果他继续研究下去,等待他的情形将是更为险恶。

然而,为了真理,琴纳坦然地接受了世俗的挑战。他坚信,自己的发现不是凭空得来的,而是有科学依据的。对于有科学依据的发现,自己必须坚持,真理绝不能因为世俗的偏见而改变,自己决不能因为世俗的攻击而放弃对真理的追求,如果放弃,就是对真理的背叛,就是对自己诚实品德的亵渎。于是,他继续着他的研究。

事实证明了琴纳发现的正确。也正是由于他的发现,人类打开了世界免疫学的大门,无数的生命得到了拯救。

(二)为了真理,没有恐惧,只有勇气

具有诚信高尚品德的真理探索者和追求者,为了真理,没有恐惧,只有勇气。世界著名化学家拜洛特(1748—1822年)就是这样一位真理的探索者和追求者。

一天,有人拿来一桶葡萄酒,让化学家拜洛特化验酒中是否有毒。

拜洛特问:"为什么要做这个化验?"来人说:"罗伯斯庇尔怀疑他的政敌在发给士兵的葡萄酒里放了毒。如果证实这事是真的,罗伯斯庇尔就要狠狠地打击他的政敌了。"

听了这话,拜洛特知道自己遇到了棘手的化验。因为它涉及政治斗争,要知道罗伯斯庇尔可是当时的法国革命领袖啊,不是随便谁能惹的。

但是拜洛特毕竟是真理的追求者。他决不会因为政治原因而置诚实的品质于不顾。拜洛特认真地做了化验,并如实地报告了结果:"酒里没有毒。"

罗伯斯庇尔看到报告书上的签字，很是愤怒，他把拜洛特叫去，让他修改化验报告。

"不，我决不会修改化验报告。因为它是事实。"拜洛特坚定地说。为了证明葡萄酒中没有毒，拜洛特当着罗伯斯庇尔的面，大口地喝下了一大杯葡萄酒。

"你真是一个有勇气的男子汉。"罗伯斯庇尔说。

"不，当我在报告书上签字时，才表现出真有勇气！"拜洛特自豪地回答说。

拜洛特的勇气来自于他诚实的品质。正是因为有了这一高尚的品质，他才能不畏权贵，忠实于事实。

（三）追求的是真理，而决不会沽名钓誉

具有诚信高尚品德的真理探索者和追求者，追求的是真理，而决不会沽名钓誉。德国著名作曲家门德尔松（1809—1847年）就是这样一位真理的探索者和追求者。

一次，门德尔松到英国访问。维多利亚女皇为了欢迎这位著名作曲家的到来，在白金汉宫为他举行了盛大的招待会。

招待会上，乐队演奏了一支署名门德尔松的曲子《伊塔尔兹》。女皇听了，倍加赞赏，夸赞道："单凭这一首曲子，就可以证明你是天才。"

听了女皇的夸赞，门德尔松并没有喜形于色，而是诚实地告诉女皇："不，那是我妹妹的作品。"

原来，门德尔松的妹妹芬妮亚也是个极有音乐造诣的人，她写了这个曲子后，几位兄弟不赞同署女人之名，便商定用门德尔松的名字发表。

门德尔松这种不掠人之美、不贪人之功的诚实品德，与他的乐曲一样，是人类的宝贵财富。

人类也正是因为有了琴纳、拜洛特等一些具有诚实品德的真理追求者，才使得知识的殿堂成为圣殿。

二、知识的殿堂正在遭受践踏

在人们的印象中，虚假好像与知识、治学、教育等沾不上边。因此，汉语词汇中有"无商不奸"一语，却没有"无学不奸"之词。人们把校园看成是一片诚信的净土，把教师看作是人类灵魂的工程师，把治学的人看作是不染铜臭的清高者。然而，近些年来，无情的事实却摆在了人们的面前：

（一）校园不再是诚信的净土

校园本应该是诚信的净土，然而，近些年来，我们却看到了不应看到的现象，弄虚作假等不讲诚信的事情在校园屡屡发生，而且形式多种多样，令人"叹为观止"。请看下面的一些真相：

学生集体制造假分。拿着期末考试的个人成绩册，10多个初中生鱼贯走进北京白纸坊车站路北的复印点，要求复印东西。

在得到店主同意后，学生们纷纷掏出修改液，各自开始埋头在盖着学校红印章的成绩册上涂涂抹抹，把不及格的分数盖住，再填上及格分，或将刚刚及格的成绩改成良好成绩。

随后，一张张盖着黑印章的"成绩册"就在复印机的轰鸣声中诞生了。一名男生还对班上的一个女同学嘲笑地说："看你妈那么聪明，怎么会生出你这么个笨丫头的？不罚你才怪呢。"

考研辅导广告大言不惭。随着考研热的不断升温，考研辅导广告也随之而大肆泛滥起来。位于北京的中国人民大学南路本是一条很不起眼的小街道，但前几年，这条名不见经传的小街却突然"蹿红"。该小街长约100米，宽不到10米，却有了个响当当的名字——"考研一条街"。街道入口处有一个圆柱，糊满各类考研辅导班的广告。这些广告几乎全是诱人的字眼：

"考试通过率居同类辅导班之首"；

"考试书籍命中率经反复核实理科为88分，文科为93分"；

"紧跟某某某，肯定得高分"。

这极具诱惑力和煽动性的广告用语，让考生们为之心动。然而，当他们满怀期望地走进辅导班、走进考场时，却发现，情况并不像广告上说的那样诱人。正如一位考生抱怨："由于过于相信广告，造成自己考试失利。"

如果说考生的话是因为个人没有考好的"抱怨之词"，那么，我们来听听一位在考研班授课的老师是怎样说的。他指着考研广告说，这里的虚假成分不少。有的老师头衔名不副实；有的广告上空

"幌子"　　　　　　　　　　　　　　新华社发　徐骏　作

有其名，授课却不见其人……

升学考试让人捉刀代笔。升学考试，是检验学生知识水平的一种重要方法，也是决定考生前途命运的关口，尤其是高考，更是如此。但就是这样的考试，有人也竟敢舞弊。

学术论文网上卖。学术论文是对社会科学、自然科学领域中的某种现象、某些问题进行比较系统的研究，从而探讨其本质特征和发展规律的理论性文章。它能够提供新的学术信息，表达作者独到的见解，有着创新的理论内容。这就是说，学术论文必须是作者的真知灼见，是作者的研究所得。按说，这是常识，无须多言。可是，就是这常识却"不为人所知"。"论文专卖"网站的出现，就是这些"无知者"的所作所为。

所谓论文专卖网站，就是论文的交易市场。这里不仅有论文求购信息，而且还提供"捉刀人"的信息。这就是说论文成了可以明码标价的商品。

（二）人类灵魂工程师的圣洁称号被玷污

教师是一个倍受人们尊敬的职业，人们予以这个职业很高的评价，称其为"人之模范""培养下一代的灵魂工程师"。但是，近些年来，一些教师在个人利益的驱动下，却置诚信于不顾，为赚钱而不择手段。

公正地讲，我们绝大多数的学者都是在认认真真地做事，踏踏实实地做人。他们甘于寂寞，甘于清贫，恪守着清高的品行。多年冷板凳，"坐"出了严谨的论文；多年苦行僧，"修"出了顶尖的理论观点。

然而，我们也遗憾地看到，在个人利益的驱动下，个别学者也被卷进了弄虚作假的行列，将科学态度和求实精神弃而远之，变得既不"清"

也不"高",而成了唯利是图、唯名是图的人,在名誉面前显露出了贪相,在孔方兄面前流下了二尺长的口水。

三、知识的殿堂遭受污染后患无穷

不可否认,知识的殿堂正在遭受着污染。这种污染如果不整治的话,后患将是无穷的。

(一)科学的精神会被扼杀

在知识的领域,不论是知识的传播和积累,还是理论的探索与确立,都需要科学的精神。这科学的精神是一种求真求实的精神,是一种勇敢拼搏的精神,是一种淡泊名利的精神。如果知识的殿堂遭受了污染,就会扼杀这种科学精神。历史上的科学作伪事件,就说明了这一点。

生于1897年的赖希,是一位精神分析学家,曾是弗洛伊德的得意门生,并于1922年获得医学博士学位。然而,就是这位医学博士,竟是伪科学的叫卖者。

1939年,赖希在美国宣布,他发现了"生命能"的存在。什么是"生命能"呢?按照赖希的说法,"生命能"是一种充满整个自然界的非电磁场。它不仅能获得,还能加以利用。而且"生命能"最主要的表现还是在性生活中。当一个人的情欲亢奋时,他的全身就会充溢着"生命能"。赖希声称,他曾在显微镜下观察过充满"生命能"的红细胞。这种充满"生命能"的红细胞能发出蓝色的微光。赖希还宣称,在不远的将来,汽车也会用"生命能"来开动。

赖希不仅口头上宣扬他的"生命能"理论,还将他的这套理论"应用"

在实际中。

1940年,赖希制造出一种治疗仪,他为这种治疗仪取名为"生命能存储器"。据赖希介绍,使用这种治疗仪不仅能使人体内充满"生命能",还可以医治各种疾病,如早期癌症、关节炎、慢性溃疡、损伤等。

赖希不仅将他的"生命能"理论"应用"于为人疗病养伤,还"应用"于反核辐射。赖希宣称,核辐射在"生命能"面前无用武之地。于是,他购买了一点镭,并把它拿进了"生命能"实验室。其结果可想而知。一时间,实验室的工作人员受核辐射而纷纷倒下。

赖希的"表演",引起了美国有关方面的注意。1954年3月,美国联邦食品与药物管理局指控赖希用于给人治病的"生命能存储器"是一种骗人的装置。为此,法院在1956年判处他有期徒刑两年。[1]

赖希的做法是与科学精神背道而驰的。他的理论和实践不是建立在客观事物真实规律的基础之上,而是建立在主观臆想、投机取巧之上的。尽管他在"生命能"理论提出之初,曾获得过巨大的荣誉,但他也为虚假行为付出了沉重的代价。

(二)创新精神将遭重创

创新是一个民族进步的灵魂,也是真理不断发展的主要途径。创新是科学研究必不可少的一种精神。

吴岱明先生在他所著的《科学研究方法学》中说:"科学研究是为了探索迄今为止人类对该门学科尚未掌握的知识和规律,是对现今思想和行动所依据的学说和原理不断进行检验的一种思维活动。科学研究的

---

1. 马丁·加德纳,《西方伪科学种种》,知识出版社,1984年12月。

实质内容,是通过各种科学研究方法对客观存在的事实和确凿的材料进行加工和整理,从感性认识上升到理性认识,以找出客观事物和过程的发展变化规律,创造出新的科学知识。"

从吴先生这段话中我们可以看出,科学研究实质上就是揭示客观事物内在规律的创造性的思维活动,是人们探索未知真理的行为。

在这探索未知真理的行为过程中,我们不仅要了解前人的科学研究成果,要总结前人的研究方法,还要创造前人没有的科学研究成果,要创新前人没有过的研究方法。

没有创新,就没有新的理论,没有新的理论的指导,人类就不能进步。因此,对真理的探索,需要创新精神。而知识的殿堂遭受污染会扼杀这种创新精神。生命科学界的"冷融合"事件,可以帮助我们理解这段话的含义。

1989年年初,著名的《细胞》杂志刊发了意大利罗马大学教授斯巴达夫拉的一篇论文,该论文介绍了他们在转殖老鼠技术上的一项革命性突破。《细胞》杂志还为此专门发表了一篇短评,高度评价了斯巴达夫拉的理论,称其为生命科学界的"冷融合"。

该论文发表后,在科学界引起了很大的震动。因为人们知道,如果斯巴达夫拉的理论与实践是真实的,那么,它确实是一项重大的科学突破。

让我们先来看看什么是转殖老鼠技术。所谓转殖老鼠技术,就是把一段外来的基因送进老鼠的受精卵中,让这个基因插入老鼠的染色体中。随着胚胎的不断发育成长,老鼠的全身每一个细胞就都会携带这个基因。假如这个基因是指挥制造生长激素的,那么,该老鼠体内就会得到大量的生长激素,因此,它也就会迅速地成长壮大。

斯巴达夫拉认为，老鼠如此，其他动物也可依此类推。如将生长激素的基因转殖到猪的身上，猪就会快速生长，而且只长瘦肉，而少长肥肉；如将生长激素的基因转殖到奶牛的身上，牛奶就会大量增加。

毫无疑问，如果斯巴达夫拉的转殖老鼠技术是事实而不是构想，那么，他的这项研究不论是在基础科学研究上，还是在实际应用方面都具有重大的科学意义。

可是，事实证明，斯巴达夫拉的转殖老鼠技术不过是一场骗局。

斯巴达夫拉的转殖老鼠技术宣布后，立刻引起了科学界的反应。人们先是兴奋，因为斯巴达夫拉采用的技术简单，简单得连中学生都能操作。而这种简单的方法竟能获得重大的科学价值。人们怎么能不兴奋呢？然而，兴奋之后，则是怀疑，科学的探索是一项艰苦的工作，怎么会有这种天上掉馅饼的简单事呢？于是，人们开始反复验证他所公布的实验。结果，人们遗憾地发现，斯巴达夫拉的转殖老鼠技术是不成立的。

1989年10月20日，《细胞》杂志登载了美国4家从事转殖动物研究的机构的研究报告，报告说，他们曾8次重复斯巴达夫拉的转殖老鼠技术实验，但结果是否定的。报告还称，除他们的研究外，从东欧的布达佩斯到加州的帕沙迪那，有7个实验室也做了同样的工作。于是，美国科学家们断定，这个被称为生命科学界的"冷融合"的"发明"，与物理界真正的冷融合的结局如出一辙。[1]

---

1. 周成功：《生命科学界的"冷融合"事件》，《科学月刊》，1989年12月第240期。

（三）人类文明将被扼杀

知识是推动人类文明进步的动力。没有知识，也就谈不上人类文明。因此，知识的殿堂一旦遭受污染，就会扼杀人类的文明。我们不难设想，当弄虚作假、沽名钓誉等充斥着知识的殿堂时，还有什么文明可言？

四、知识殿堂如何保持圣洁

现如今，知识的殿堂已经遭受了严重的污染，这是毋庸置疑的。如何还知识的殿堂以圣洁呢？

（一）管理体制不容忽视

管理体制上存在的问题，是管理部门的事，我们作为小人物无权决定。但"天下兴亡，匹夫有责"，我们虽然无权决定具体规则事项，但发表点看法，总还是有权利的。或许我们的看法对管理者还能起到有益的作用。

先说学术腐败。学术腐败有其个人道德修养原因。这一原因我们下面再说，这里先打个"广告"。但除了个人道德修养原因外，学术管理部门制定的科研指标也是诱发学术腐败的一个重要原因。我们不是说不能制定科研指标，不能搞量化管理。关键是怎样制定，怎样量化管理。

表面上看，数字面前人人平等了，公平合理了，但做学问不能形而上学，尤其是人文科学，有其精神创造的特殊性，如果忽视了这种特殊性，用数字来衡量其科研成果多少，势必诱惑学者走上粗制滥造甚至投机取巧之路。

更有甚者，有的学校还具体规定教授、副教授、讲师等每年应在核心期刊或相应的刊物上发表一定数量标准的论文或文章，甚至个别发出了不出"成果"就下岗的"红头文件"。

不仅如此，评职称也有科研规定。老师们为了不下岗，为了评上职称，只好为了指标而奋斗，为了数量而拼搏。道德修养好而且学术造诣高的老师，可以通过点灯熬油，呕心沥血，完成规定的指标；道德修养差而且没有学术造诣的老师，便只好东抄西凑，甚至不惜"铤而走险"通过抄袭来"达标"。

再说假文凭。现在的文凭造假已经可以说是达到了登峰造极的地步。据有人统计，说现在全国的假文凭有 50 万个之多。实际上，恐怕远不止这些。

上海浦东某单位近日通过社会招聘，计划录用五名员工，然而该企业拿着应聘者学历文凭到市人事局评价中心进行检验后，得到的结果却令用人单位大吃一惊，五个人之中，居然有四人持假学历文凭。这真应了一句话，扔一块砖头打倒四个有大学文凭的人，其中有三个是拿着假文凭的。

假文凭何以泛滥成灾，还是跟管理制度、用人制度有关系。有些用人单位，在用人上，不是唯才是举，而是"唯文凭是举"。只要你有一张文凭，管你水平如何，管你才能如何。你要是没有一纸文凭，即使你的能力再强，水平再高，也没有用武之地。

不仅用人重文凭，就连孩子升学，竟也与父母的文凭有着关系。有的省、市规定，博士后的子女升高中可以加 5 分。作为我们平民百姓，怎么想怎么觉得这条规定不公平。我们不得不想起"王侯将相宁有种乎"这句话。我们不仅要问，博士后的子女为什么就不能同我们平民百姓的子女站在同一起跑线上？为什么他们的子女要在发令枪响之前先跑？也许管理部门会说，我们这是重视人才，博士后是人才，对他们子女的关心照顾，就是对博士后人才的照顾。此言表面上看，很有道理，但仔细想想，也没什么道理。这也不过是封建时代封妻荫子制度的翻版而已。

由此可见，要想根治学术腐败，遏止假文凭，必须反思我们管理体制上存在的问题，在管理制度上拿出切实可行的办法来。

我们管理部门的领导应该明白，做学问，是不可能一蹴而就的，要不学术界怎么会有"板凳要坐十年冷""十年磨一剑"之语呢？要不马克思怎么说"在科学上没有平坦的大道，只有不畏劳苦沿着陡峭山路攀登的人，才有希望达到光辉的顶点"呢？

指标、数字虽然便于管理，虽然便于促使论文、论著数量的增多，但也便于催生学术腐败。两者相权，孰轻孰重，是不用笔者赘言的。

我们管理部门的领导应该明白，文凭虽然是衡量一个人知识水平的标准，但却不是唯一的尺度。齐白石虽然没有毕业于中央美术学院，但又有谁能说他不是国画大师呢？杜甫的文学水平，哪一位北京大学、清华大学中文系的学子敢与其较量？

看了我的这段文字，或许会给读者造成一种印象，好像我不赞成规范化的管理，而赞成放任自流。如果是这样，那您就误解了笔者的意思。我上面所说，只是想提醒管理者应根据具体情况制定更科学的学术管理方法。而对于那些弄虚作假者，我向来认为应该严加管束。因此，我在这里向读者推荐《中国青年报》记者原春琳的访谈录《为了声誉，我很严厉——访英国诺丁汉大学校长、原复旦大学校长杨福家院士》。

一个大学如果失去信誉，影响会有多坏？杨福家院士首先自曝了复旦的一段"家丑"——

"80年代初，一个复旦毕业生向美国哥伦比亚大学递交申请书时，伪造了一个教授的推荐信。这件事被揭露后,每年复旦都要接到不少外国大学要求核实学生推荐信和成绩单的信件,经我手的就有10封左右。经过核实,基本所有的推荐材料和成绩单都是真实的,可因为以前有过不良记录,尽管来信在逐渐减少,可直到现在还有。"

杨福家院士在担任复旦大学校长期间,下大力气抓的一件事情就是考试作弊,发现一个开除一个,任何余地都不留。1993年,一次就开除了三四十人。

杨福家院士说,复旦的这种做法得到了广泛的赞同。"一个学生给我写信说,如果作弊之风仍然盛行,那用分数体现成绩就是毫无意义的。一些公司的老板也给我打电话讲,学生的能力如果不强,我们可以培养,但一个人如果不老实,那他的基本素质就是不合格的,最终将会面临被解雇的命运。"

一些国家驻上海的领事也对此表示赞赏。他们反映,中国学生在报考国外研究生时作假现象时有发生,以致国外不敢轻易相信中国学生的推荐信和成绩单。复旦严厉整治作弊行为的措施,极大地提高了该校的学术声誉。

杨福家院士说,诚实是一个人的基本素质。遗憾的是,这几年不诚实的现象非常普遍。实际上应该从小学就进行这方面的教育,正是由于从小放松了教育,致使中学到大学都无法很好地解决这个问题。

作为在中国和西方大学都做过校长的人,杨福家院士介绍,国外不能说没有这种情况,但比较好的大学都形成了这样一种风气:做这种事是可耻的。周围的环境使大家认为做这种事划不来。

他举了一个例子。1999年,一个非常有名的教授被聘为波士顿大学传播系主任。上课时,他给学生们讲了一段非常精彩的话,刚说完,就下课了。课后，一名学生找到校长，说："这段话我在别的杂志上见过，教授没有说明这段话的来源。"校长找到教授核实，教授当即提出辞职。尽管他不是不想说这段话的出处，而是因为铃声响了，来不及说。最后在其他老师的挽留之下，学校免去了这位教授的系主任职务。第二天，一上课，这位教授做的第一件事就是向学生们道歉。

杨福家院士说："我很惭愧。有一次，我写了一本书，用了国外实验室送我的一张照片。出版商是一家世界知名的出版社，他们问我：'你征得实验室的同意了吗？'我一愣：照片是他们送给我的，还需要征得他们的同意吗？"

他说，实际上，在国外的大学，尤其是好的大学，学生头脑中已经刻下深深的烙印：人家的东西是人家的，别人的东西不能随便用。一旦发现有假，制裁非常厉害。

杨福家院士介绍，上海前几年有个很有名的年轻教授，后来发现他有许多论文都是抄别人的，于是所有的光环都失去了。

过去我们经常听说，中国的学生在需要推销自己的时候，表现得不如外国学生自信。对此，杨福家院士认为："我不反对学生自信，但要分场合。在交际、自我介绍的时候，可以充分表现出自信，客观肯定自己的成绩。但过分表现自己，看似聪明，实则愚蠢。夸大不仅会给自己带来不良影响，也会因个人行为而给整体抹黑。"

杨福家院士的话，值得我们每一位知识分子、青年学子思考。

我们说完了管理体制问题，现在该谈谈个人道德修养问题了。

（二）个人道德修养必须重视

个人道德修养是科研人员自身的问题，需要科研人员自行解决。实际上，不管是学术腐败也好，还是假文凭也罢，从科研人员自身的原因来说，都是过于看重名利所造成的。

事实上，一般人都看重自己的名声，看重个人的利益。但名声、利益的获得，必须"取之有道"。用自己的才华、能力获得桂冠，令人敬佩；用自己的智慧、劳动获得财富，让人钦佩。但用投机取巧、弄虚作假等手段获取名声、利益则为世人所不齿。因此，科研人员应该正确对待名利，树立正确的名利观。

日本著名的思想家池田大作在其所著的《青春寄语》一书中说得好："荣誉有如萤虫之火，在暗黑的夜空里，它放着光，显示出美丽，极其可贵，但是，靠前一看，立刻就会明白它是何等的软弱无力。因此，美的尊贵不是荣誉本身，而是得到应得荣誉的崇高人格。"读了这句话，我们就明白了为什么居里夫人将荣誉视为玩具，丝毫不想要勋章了。

居里夫人成名后的一天，她的一位朋友来到了她家。朋友发现居里夫人的小女儿手里正玩着皇家学会刚刚奖给居里夫人的一枚金质奖章。

朋友看了，吃惊地问："能够得到皇家学会颁发的奖章是很高的荣誉，你怎么能把这枚奖章拿给孩子随便玩呢？"

居里夫人听了朋友的话，笑着说："我是想让孩子从小就知道，荣誉就像玩具，只能玩玩而已。"

1902年夏季的一天，居里收到了法兰西共和国大学理学院院长保罗·阿配尔教授的一封信。信上说："部里要我提出应赠荣誉勋位的人名。我的名单里一定要把你列上。我请求你把这件事看作是你对于理学院的一种贡献，允许我提出你的名字。"在给居里写信的同时，保罗·阿配尔院长还给居里夫人写了一封信，请她劝居里不要拒绝接受。

居里收到信后，同夫人商量说，我需要的不是一条系着珐琅小宝石的红丝带，而是一个实验室。居里夫人也同意丈夫的看法。于是，居里给院长回了一封信。信中说："敬请代向部长先生申谢，并祈转告他，我丝毫不想要勋章，我只亟须一个实验室。"

（三）实事求是进行科学研究

实事求是进行科学研究，就是一切从客观实际出发，按照事物的本来面目去认识世界，使认识和实际相符合，主观与客观相统一。

实事求是反映在科学研究和学术论文写作中，就是要有严谨的治学态度。有了这种态度，科研人员在科学研究和学术论文写作中就能唯实不唯人、踏实不浮躁、诚实不虚假。

唯实不唯人，是说科研人员在科学研究和学术论文写作中，要一切从客观实际情况出发，通过细心研究、悉心观察、深入探索、认真分析来探求其内在的发展规律，从而得出科学的结论，而不盲从他人或以自己的主观臆想代替客观事实。

盲从他人和主观臆想都是与实事求是的原则相违背的，其结果，必然是不尊重客观实际，主观和客观相分离，理论和实践相脱节。这是科学研究和学术论文写作之大忌。

踏实不浮躁，是说科研人员在科学研究和论文写作中，要有脚踏实地的工作态度，认真负责的治学精神。不因懒惰而敷衍塞责，不因名利而草率了事。"板凳要坐十年冷，文章不说半句空。"这是前人的治学座右铭，也是科研人员今天治学的箴言。只有如此，科研人员才能耐得住寂寞，耐得住清贫，搞出真科学、大科学，写出真论文、大论文。

诚实不虚假，是说科研人员在科学研究和论文写作中，要遵守诚实的道德规范，不玩虚假的把戏。诚实是人的一种品质操守。这种品质操守最显著的特点是：讲真话，忠实于事物的本来面貌，不歪曲篡改事实，不隐瞒自己的真实思想，不掩饰自己的真实情感，不说谎，不作假，不为不可告人的目的而欺骗别人。诚实是一种美德，这种美德是科研人员都应该具有的。

有了这种美德，科研人员就不仅能在科学研究和论文写作中敢讲真话，敢于同伪科学的东西进行不懈的斗争；而且在日常工作生活中，科研人员也能敢讲真话，敢于同弄虚作假的人进行不懈的斗争。

# 第八章

家庭和谐的必要条件

家庭是社会的细胞。构建社会主义和谐社会,离不开家庭的和谐。家庭怎样才能和谐?要素自然很多,但夫妻的相互忠诚和信任,则是家庭和谐的必要条件。一对感情相互背叛的夫妻,家庭谈何和谐?

一、婚外恋情不容忽视

婚姻虽然是男女两性的结合,但却是神圣的行为。当我们步入或即将步入婚姻殿堂的时候,我们必须认识到它的神圣,并时刻准备着为这份神圣担当起自己的责任和义务,不仅要经营好自己的婚姻,也不去破坏他人的婚姻。

如何经营好自己的婚姻?有一个二字秘诀,这就是"诚信"。然而,近些年来,我们却遗憾地看到,"诚信"已为一些人所抛弃,神圣的婚姻殿堂正遭受着欲火的焚烧。

(一)一个可怕的数字

全国妇联曾就婚外恋情况做过抽样调查分析。据介绍,被调查者认为,每100个人中有婚外性行为的平均有6.16人,而认为其周围的人中确有婚外性行为的,每100个人中平均为8.3人。

比较以上两个比例分析,目前在我国普通公众中,有婚外性行为的人约占8.2%。

因为是抽样调查,很难说这一比例就能代表普遍现象。但它至少能够说明,婚外恋情已是一个不容忽视的问题。婚姻需要忠诚,婚外恋情的产生就是对婚姻诚信的抛弃。

(二)婚姻家庭的杀手

离婚有种种不同的原因,但对家庭破坏力最大的是婚外恋。婚外恋是婚姻家庭的杀手。据有关方面的统计数据显示,有70%的离婚家庭是因婚外恋而离婚的。

畸形的恋情必然结出恶果,这是一些人的惨痛教训。然而,面对这惨痛的教训,却仍然有人置之不顾,继续跳入火海。而等待他们的多半是让欲火把自己烧得遍体鳞伤,把家庭烧得支离破碎。

(三)淫荡之爱则会使人类堕落

领导干部腐败有多方面的深层原因,但婚外恋不能不说是一个重要的原因。因为,要满足情人的物欲,必须有金钱做基础,而对于拿工薪的政府官员来说,每月的工薪是无法满足情人需求的,因此,他们便伸出了贪婪的双手。请看下面的事实:

王宝森,北京市原副市长,1995年被查处。王宝森在任职期间,挥霍大量公款,营造高级别墅,购买高级公寓,长期包租宾馆客房,作为享乐场所。他不仅长期包养情妇,还嫖宿卖淫女,并挪用公款1亿多元人民币,2500万美元,供其情妇及其他关系密切的人进行营利活动。

胡长清,江西省原副省长,1999年被查处。胡在国务院宗教事务管理局工作时,就大搞婚外恋。到江西后,更有恃无恐。胡到江西一直住在赣江宾馆。在宾馆居住期间,他以金钱为诱饵,将宾馆的一位年轻的女服务员搞到了手。

为了博得小情人的一笑,胡长清"慷慨"出手,送给小情人住房一套,并为其购置电视、钢琴等贵重物品多件。

胡长清不仅包养情妇,还经常出入色情场所,甚至还由珠海空运卖淫女到南昌与其淫乐。

这痛苦的事实、这血淋淋的事实、这断送仕途的事实,给婚外恋者敲响了警钟。

实际上，婚外恋是感情上的自私者，是诚信的背叛者。他们只顾自己的感情所需，而不管他人的感情所受到的伤害，不管家庭其他成员情感上所遭遇的灾难。请记住英国著名思想家培根的一段话："夫妻之爱使人类繁衍，朋友之爱使人类完善，但淫荡之爱则会使人类堕落。"

二、悲剧背后的沉重思考

早在 20 世纪 20 年代，邓颖超同志就曾经针对当时青年恋爱中出现的问题，写了一篇题为《错误的恋爱》的文章。

文章指出，两性的爱，本来是光明正大的事，但是，这种爱情应建立在个性的接近、相互的了解、思想的融洽、人生观的一致等基础上。这样纯洁的爱情，是人生之花，是精神的高尚产品，从而也是有利于社会、有利于人类的未来的。反之，两性的爱，如果只是因为金钱的诱惑、情势的逼迫、色相的喜好、感情的冲动等因素而形成的，那就很危险了。

当我们看了现实生活中发生的一些悲剧，我们不能不感到邓颖超同志这段话的重要现实意义，我们不能不对现实的问题做进一步的思考。

（一）婚姻到底是什么？

有人说："婚姻是爱情的坟墓。"有人说："婚姻是爱情的宫殿。"也有人说："婚姻是被围困的城堡，城外的人想冲进去，城里的人想逃出来。"

婚姻到底是什么，是一个古今中外一直争论不休的话题。实际上，这个话题说复杂是无比的复杂，说简单是无比的简单。关键是看你怎么看，怎么做。

如果你把婚姻看作是爱情的坟墓,是被围困的城堡,那它就是坟墓,就是城堡。因为戴着这副有色眼镜来经营你的爱情,你就会觉得婚姻的世界很无奈,就会想方设法地冲出围城,去寻找新的"爱情",并振振有词地宣称:"我们因误解而结婚,因了解而离婚。"

许多人就是在这种思想的支配下,而背叛了原有的婚姻,吃上了"婚外恋"的"零食",包上了"二奶"的"盒饭",并因此而酿成了许多人间悲剧。

我们必须清楚,婚外恋、包二奶是一种不道德的行为。婚姻是两个异性的结合,是一种神圣的行为,男女双方必须互为忠实,不允许有第三者插足其间。婚外恋、包二奶是一种违法的行为。一对异性一经正式登记结婚,他们的婚姻关系就受到了法律的保护。任何因第三者的介入而造成的重婚或家庭成员之间的虐待和遗弃,都是违反道德的,违反法律的,都应该受到道德的谴责和法律的严惩。

如果你把婚姻看作是宫殿,是幸福之所,那它就是宫殿,就是幸福之所。你怀着这美丽的憧憬来经营你的爱情,你就会觉得婚姻的世界很精彩,你就会忠实于你的婚姻,就会尽心尽力地来建设你幸福的宫殿,并高兴地告知他人:"我们因相爱而结婚,因结婚而更相爱。"

可见,事在人为。婚姻幸福与不幸福,关键在于自己怎样把握。

怎样把握?14个字可以高度概括,这就是"互敬互爱,忠实婚姻,共同培育爱情"。这14个字也是夫妻的首要责任与义务。只有履行了这一责任和义务,我们的爱情之树才能常青。

(二)爱情到底是什么?

爱情是人类永恒的话题,围绕着它,人类上演了一幕幕悲喜剧。那么,爱情到底是什么呢？不同的人有着不同的回答。我们应该怎样对待恋爱的情感？不同的人有着不同的行为。

有的人"不在乎天长地久，只在乎曾经拥有"。这种人受西方某些所谓"现代"观念的影响，追求"感觉"爱情，只管"潇洒走一回"，不管日后如何。因此，一时激情、一时冲动，便可轻率上床。待感觉淡化、激情消退、冲动消失，便分道扬镳。当时的海誓山盟，早就"一江春水向东流"了。

有的人把"爱情当作招牌，金钱当作目的"。爱情是男女之间相互真挚爱慕的一种纯洁高尚的道德感情。这种感情是不应该掺杂任何功利色彩的。然而，事实上，许多人的"爱情"却掺杂着太多的功利色彩，把经济条件优越作为婚恋天平的重要砝码。于是，嫁大款、娶富婆竟然成为一些人追求的时尚。"宁愿坐在宝马车上哭，不愿坐在自行车上笑"。就连一些受过高等教育的大学生、研究生，甚至是博士生也未能免俗。这种唯爱赵公元帅的择偶标准，实际上也是对爱情不诚实的表现，这势必为今后的婚姻生活埋下不幸的种子。更有甚者，为了金钱，还不择手段。形形色色的骗婚案件，无不是以金钱为目的。

表面上看，"不在乎天长地久，只在乎曾经拥有"与把"爱情当作招牌，金钱当作目的"的爱情观似乎不大相同，但实质上，两者是"殊途同归"，都是不能忠诚于爱情。

爱情是男女之间相互真挚爱慕的一种纯洁高尚的道德感情。它要求男女双方必须忠诚、坦率，不虚伪，不做作。唯有如此，爱情才会持久永恒，魅力无限。任何借恋爱之名，玩弄异性；任何打着恋爱的幌子，骗取对方钱财的行为，都是对真挚感情的践踏，对诚信的背叛。

请记住著名文学家丁玲在《青年恋爱问题》中所说的话："轻率地

玩弄恋爱正如玩火一样，随时有自焚的危险。如果说恋爱是甜美的酒浆，但随便喝，也会变成烈性的毒汁。"

三、幸福和谐家庭如何造就

俄国著名文学家列夫·托尔斯泰在他所著的《安娜·卡列尼娜》一书中说："幸福的家庭都是相似的，不幸的家庭各有各的不幸。"

幸福的家庭相似在何处呢？相似在对爱情忠贞不渝上，相似在相互信任上，相似在关系和睦上。实际上，也只有对爱情忠贞不渝，彼此相互信任，才能有和睦的关系。

（一）端正恋爱的目的，不要别有用心

造就幸福甜蜜的婚姻家庭要从恋爱开始。换句话说，就是要端正恋爱的目的，不要别有用心。

恋爱的目的，应该是为了培养爱情、缔结婚姻。只有相互爱慕的恋爱，才是真正的恋爱，才能造就幸福甜蜜的幸福家庭。

相互爱慕是两颗纯洁心灵的真诚奉献，没有功利，没有铜臭，是灵与肉的完美结合。请看俄国革命民主主义者车尔尼雪夫斯基与华茜丽霭娃的恋爱：

车尔尼雪夫斯基不仅才华横溢，还富有革命激情。在他青年时代就献身反对俄国沙皇的革命斗争，并担任传播革命民主主义思想的刊物——《现代人》杂志的主编。

车尔尼雪夫斯基很喜欢美丽善良的华茜丽霭娃，姑娘也倾心于他。但车尔尼雪夫斯基却迟迟不向姑娘表明态度。

第八章 家庭和谐的必要条件

一天,他们又谈到很晚。该分手了,华茜丽霭娃鼓起勇气对车尔尼雪夫斯基说:"亲爱的,我爱你,咱们结婚吧!"

车尔尼雪夫斯基震动了一下,拉过华茜丽霭娃的手。但是,他又慢慢松开了,痛苦地摇了摇头,对华茜丽霭娃说:"不!不行!"

车尔尼雪夫斯基的回答让华茜丽霭娃大吃一惊,她浑身的血液仿佛都凝固了。沉默了片刻,她眼含泪水,疑惑地问车尔尼雪夫斯基:"为什么?难道你不爱我?"

"不!我爱你!"车尔尼雪夫斯基回答。

华茜丽霭娃感到不解,她一边哭泣一边追问:"既然你爱我,那你为什么拒绝我?"

车尔尼雪夫斯基用低缓的语调对华茜丽霭娃说:"我真心地爱你。但是,爱一个人就是为了使她幸福。我是一个革命者,沙皇随时都会把我投进监狱,流放到边疆,也可能把我杀死。如果我们结婚了,就会连累你,给你带来不幸。这是我不愿看到的。所以,我不能跟你结婚,还是让我们做一个终生的好朋友吧!"

听了车尔尼雪夫斯基的话,华茜丽霭娃露出了笑容。她扑进车尔尼雪夫斯基的怀里,满含深情地说:"我不怕做一个革命者的妻子。不管什么情况发生,我都要永远跟你在一起!"就这样,他们结婚了。

1862年,沙皇政府勒令《现代人》停刊,34岁的车尔尼雪夫斯基被投进了监狱,随后又被流放到西伯利亚。这期间,华茜丽霭娃尽管历尽了苦难,饱尝了艰辛,但她无怨无悔,始终跟车尔尼雪夫斯基在一起。

妻子的爱温暖着车尔尼雪夫斯基的心,鼓舞着他的革命激情。他在狱中仍然握着战斗的笔,写下了著名长篇小说《怎么办?》;在流放期间,他又写下了《怎么办?》的姊妹篇《序幕》。我们再请看流沙河与何洁的恋爱故事：

流沙河是我国著名的现代诗人。1957年，25岁的流沙河因发表组诗《草木篇》而被戴上了"右派"的帽子，从此他被推向漫长而苦难的生活历程。

然而，就是这样一个被生活抛弃的人，却居然得到了一个名叫何洁的成都市川剧团女演员的爱情。她当然不是爱他那囚犯一样的生活，也不是爱那流沙河"劳动改造"的地方——金堂县城厢镇。她是爱流沙河这个人，爱他的气质，爱他的人格，爱他的才华。为了这，生活在大城市，工作在大剧团，前程似锦的女演员，居然风尘仆仆地来到了小小的城厢镇，决心同流沙河一起，生活一辈子，爱一辈子，当然，也要吃苦一辈子。

1966年，在牛郎织女相会的那天晚上，他俩结婚了。没有彩礼，没有贺客，只有流沙河的老母亲给他们做了一小碗红烧肉，三个人围着桌子庆贺喜事。

"文革"期间，何洁怀着胎儿挺着大肚子，陪着流沙河一起接受"造反派"批斗。尽管如此，她对流沙河的爱也没有动摇，他们相依为命地生活着，携手并肩地挣扎着，直到迎来粉碎"四人帮"的大好春光，直到迎来流沙河彻底平反的大喜大庆之日！

有人说，爱情是一面镜子。它能照出一个人的灵魂是光明还是污浊；品德是高尚还是卑下；心地是善良还是邪恶。从车尔尼雪夫斯基与华茜丽霭娃的爱情故事里，从何洁与流沙河的爱情故事中，我们看到了诚信、光明、高尚和善良。

（二）夫妻相互信任的前提是忠诚

忠诚和互相信任是爱情的首要条件，真挚的爱情是建立在忠诚和相互信任的基础之上的。

爱情包括性爱和情爱两个部分,因为这两个因素,忠诚便成了爱情心理结构的一个重要组成部分。因为忠诚,才不会"富贵易妻";因为忠诚,才不会去吃"婚外恋"的零食,去吃包"二奶"的"盒饭"。实际上,对待婚姻是否忠诚,也是检验一个人诚信道德品质优劣的一个重要标准尺度。

东汉时,坐天下的是光武帝刘秀。刘秀的姐姐湖阳公主寡居后,他便想给姐姐找一个白马王子。选来选去,他相中了掌管监察、执法和兼掌重要典籍的宋弘。

这一天,刘秀召见了宋弘,并让湖阳公主坐在屏风后面听着。在交谈中,刘秀引用一句俗语对宋弘说:"贵易交,富易妻,此乃人之常情。"

宋弘明白皇上的意思,是要他换一个妻子。于是,他马上接口说,陛下,臣亦听说过一句民谚,叫作:"贫贱之知不可忘,糟糠之妻不下堂。"

刘秀听了,无言以对,只得将这桩婚姻作罢。

"糟糠之妻不下堂"是我国自古以来崇尚的婚姻家庭美德,这种美德今天仍有现实意义。现实生活中,有人一旦高升高就,便以知识有差异、兴趣不相同为借口,将"糟糠之妻"抛弃,而另寻新欢,这是极不道德的失信行为。

当然,我们讲述这个故事并非是在提倡"从一而终",我们只是想通过这个故事告诉人们:要慎重对待婚姻。婚前要以爱情为基础,婚后要继续保持爱情,彼此都要为对方负责,对对方忠诚,不可伤害对方,更不可遗弃对方。

曾任国防部副部长兼装甲兵司令员的许光达,一生光明磊落,诚实守信,在婚姻爱情生活问题上也是如此。

因革命工作，许光达与妻子邹靖华曾多年失去联系。这期间，许多姑娘倾慕他，向他射出丘比特之箭，但都被他婉言谢绝了。也有人劝他："你同妻子离散十年了，兵荒马乱的年月，倘若她不在人世了，你岂不是白等了？"但他却说："我要等。万一她没有死，我另娶他人，岂不伤透了她的心？这些年来，她为我做出了那么大的牺牲，盼望与我团圆。假如她真的死了，我也要见到她的坟墓，添上一抔土，否则，我是不会再娶的。"苍天不负有心人，许光达终于奇迹般地与妻子团圆了。

新中国成立以后，许光达作为国家高级将领和领导人，经常可以带夫人参加各种重大的礼仪活动，但邹靖华却不愿意参加这种活动。因为多年来，艰苦生活的磨砺，使她未老先衰。她觉得自己与那些年轻、漂亮、光彩照人的夫人相比，太逊色了。可是许光达每次都硬拉她去参加，他说："国家的威仪，不仅仅表现在外表上，而主要是看一个国家的国魂、士气、民风和人民的精神面貌。在这方面，你可以把那些外国武官的夫人比下去。'糟糠之妻不下堂'，这是做人的起码道德。何况你我是患难多年的夫妻。"

许光达对妻子邹靖华的感情，不仅经历了战争年代艰难困苦的考验，也经受住了和平环境身居高位的考验。熟悉他们的人，都知道他是怎么样地尊敬、关怀、爱慕自己的妻子的。他对妻子忠信不渝的崇高品格，永远留在邹靖华和亿万人民的心中。

（三）相互信任是爱情得以生存的必要条件

夫妻不仅需要相互忠诚，还需要相互信任。相互信任是爱情得以生存的必要条件。如果没有相互信任，爱情就不会存在，即使暂时存在，也会因为相互不信任而导致爱情毁灭。

现实中，因为相互猜疑而导致悲剧的婚姻屡见不鲜。有人一见爱人跟异性接触，就疑神疑鬼；一听到流言蜚语，就向对方兴师问罪。无端地怀疑对方在爱情上背叛自己，哪怕见了一只公蚊子飞来都忍不住要吃醋。于是，醋心大发，家庭战争便由此爆发。有人还因此而酿成惨剧。在北京某区就曾发生过这样一件事：

80年代末，陆女士跟刘某经人介绍结了婚。结婚之初，俩人虽有磕磕碰碰，但还算过得下去。谁知，待女儿出生不久，矛盾就大了。

因陆女士是做会计工作的，经常要跟异性打交道，刘某便怀疑妻子有外遇。于是，在家中大发淫威，经常对妻子拳打脚踢。陆女士每次都被他打得鼻青脸肿，遍体鳞伤。

饱受折磨的陆女士在离婚不成的情况下，留下遗书，服毒自杀了。

后来的结果证明，陆女士是清白的，是刘某的胡乱猜疑害死了她。

第九章

人类发展史的重要课题

诚信危机并非是我们现代人的"专利",在社会中的发展过程,诚信虽然是要求人们普遍遵循的道德准则,但谎言、虚假等不诚信的东西也时时在侵害着人们的灵魂。一部人类社会的发展史,从某种意义上来说,就是在"诚信"与"谎言"中生存、延续、发展的历史。诚信,是人类社会发展过程中的一个重要的课题。

诚信决定存亡

一、人类"精心"制造的一种文化现象

谎言,即不诚信,是人类"精心"制造的一种文化现象。这种文化现象,在古今中外都存在。

人们为虚荣而说谎,为谋私而说谎;人们为掩饰失败而说谎,为掩饰羞愧而说谎;人们为自尊而说谎,为自卑而说谎;当然,也不乏善意的谎言。

(一)心理学家的调查统计结果

据美国著名心理学家洛特蒙德在北美和西欧的抽样调查显示,平均每个成年人每周至少会撒较大的谎达 15 次之多。

美国另一位心理学博士乔伊斯·布拉泽也曾做过这样的统计:一个美国人平均每天要说二百句谎话。

应该说,洛特蒙德的调查结果和布拉泽的统计,是很说明问题的。

另有资料显示,就连是否读《圣经》这对教徒来说是严肃的不能再严肃的事,也充斥着谎言:

一位神父在弥撒结束时对教徒们说:"下个礼拜日我将作一次撒谎者的布道,请你们先回去预读一下《圣经》第一六八篇诗歌,以便更好地接受下次讲道。"

到了下个礼拜,神父在讲道之前说:"读过了《圣经》第一六八篇诗歌的教徒请举手。"很多人举起手来,有些人看看别人,也举起手来,最后,所有的人都举起手来。

见此情形,神父不由得大笑起来,接着在胸前连连画起十字,并说:

"主啊,请宽恕他们。"

众教徒愣住了。神父睁开眼,看着他们说:"你们正是我要讲的人。《圣经》里根本没有第一六八篇诗歌,你们到什么地方去看?"

(二)美人鼻子被割之谜

实际上,我们国人的情况也不比北美、西欧和美国好到哪里去,有人甚至有过之而无不及。我们不妨翻开历史,抽取一个故事,看看我们的前代人是怎样"精心"制造谎言的:

战国时,魏王赠给楚王一个美人儿,楚王非常喜欢她。夫人郑袖知道楚王很喜欢这个新娶的美人儿,便在表面上装着也很喜欢她,甚至喜欢的程度远胜于楚王。不论是衣服,还是珍宝,都挑美人儿喜欢的送去。

楚王知道后,对手下的人说:"夫人知道我喜欢新人,可是她比我还爱新人,这真是孝子伺养父母,君臣侍奉君主的德行啊!"

当郑袖洞悉楚王充分相信自己,以为自己没有嫉妒之心时,就去对美人儿说:"君王特别喜欢你,但是他讨厌你的鼻子。你要是见到君王,一定要把你的鼻子捂上。这样,君王就会永远喜欢你了。"

美人儿信以为真。因此,她每次见到楚王,总是捂着自己的鼻子。

楚王不知美人儿为什么一见到自己就捂着鼻子,便去问郑袖。

郑袖假装说不知。在楚王的一再追问下,郑袖才遮遮掩掩地说:"不久前我听她说过,她讨厌您身上的气味。"

楚王听了这话,大为恼火,立即下令将美人儿的鼻子给割掉了。

显而易见,郑袖是为自己的私利而说谎设计骗人。要说她还真称得上是制造谎言的"高手"。

她知道要让猎物吞食毒饵,就不能让猎物嗅出毒味;要借他人之手除掉自己的仇敌，而这仇敌又是他人喜欢之宝，就不能明目张胆，必先投其所好，博得"猎物"的好感，再施其计谋，被猎之物就会乖乖上钩入套。郑袖用的就是这一手。结果，美人儿鼻子掉了，还对郑袖感恩戴德；楚王把心爱的美人儿鼻子割了，还以为郑袖对自己忠心耿耿呢！

二、社会没有诚信，就犹如水磨没有水

社会没有诚信道德，就犹如水磨没有水。一个社会如果没有诚信道德，社会就不能有序地运转。诚信道德是良好社会秩序的基础。

（一）国家兴旺发达之基

贞观十年，魏徵曾上疏唐太宗说："臣闻为国之基，必资于德礼；君之所保，惟在于诚信。诚信立，则下无二心；德礼成，则远人斯格。然则德礼诚信，国之大纲，在于君臣父子，不可斯须而废也。"

魏徵这段话的意思是说，治理国家的基础，必定依靠德行、礼义；国君的保障，只在于诚实信用。诚实信用建立了，则臣下没有二心；德行、礼义形成了，则远方的人就会来归附。既然这样，那么，德礼诚信就是国家的大纲，决定于君臣父子的伦理关系，一刻也不能废弃它。

魏徵的这段话实际上是历史经验的总结。春秋时期，郑国就是因为恪守诚信道德而使自己在大国的夹缝中，稳定地生存和发展的，使其他诸侯国不敢轻视自己，就连势力强大的晋国也不敢把它怎么样。

在晋国和郑国之间就发生过这样一个小故事。透过这个小故事，我们可以看出郑国是怎样恪守诚信道德而使国家在大国的夹缝中，稳定地生存和发展的：

晋国的韩起有一对玉环,其中的一个被郑国的商人收藏了。昭公十六年,韩起到郑国访问,便向郑国国君请求,要收回这个玉环。郑国大夫子产拒绝了他的请求。子产对他说:"这不是公家府库保管的器物,我们国君不知道。"

子大叔、子羽知道这件事以后,对子产说:"韩子也没有太多的要求,对晋国也不能三心二意。晋国和韩子都是不能轻慢的。如果正好有坏人在两国中间挑拨,后悔还哪里来得及?您为什么爱惜一个玉环,而以此去惹大国的讨厌呢?"

子产说:"我不是轻慢晋国而有三心二意,而是要始终侍奉他们,所以才不给他。这是为了忠实和守信用的缘故。我听说,君子不是怕没有财物,而是怕没有美好的名声。我又听说治理国家不是怕不能事奉大国,抚养小国,而是怕没有礼仪来安定他的地位。大国的人给小国下命令而得到所有的要求,那将来要用什么来源源不断地供给他们?一次给了,一次不给,所得的罪过更大。大国的要求,如果不依理驳斥,他们哪里会有满足的时候?我们要是成了他们边境里的一个城市,那就失去了作为一个国家的地位了……"

后来,韩起向商人购买了玉环,已经成交了。但在成交后,商人说:"一定要把这事告诉君王。"韩起便向子产请求说:"前些时候我请求得到这只玉环,您认为不合道义,所以我就没敢再提这件事。现在我从商人那里购买了这只玉环,但商人却说一定要把这事报告给君王。那么,我能再提此事吗?"

子产回答说:"从前我们先君桓公和商人们都是从周朝迁居出来的。并肩协作来清除这块土地,砍出野草杂木,一起居住在这里。世世代代都有盟誓,用以互相信赖。誓词说:'你不要背叛我,我不要强买你的东西,不要乞求,不要掠夺。有赚钱的买卖和宝贵的货物,我也不加过问。'就是仗着这个有信守的盟誓,所以能互相支持直到今天。现在您带着友好的情谊光临我国,却告诉我们去强夺商人的东西,这是教导我们背弃盟誓,未免不可以吧!如果得到玉环而失去诸侯,那您一定是不干的。我如果献上玉环真不知道有什么好处。"

韩起听了这番话,就把玉环退了回去,并说:"我虽然不聪明,但我岂敢为了这个玉环来求得两项罪过?请您把它退回去吧!"

过了一段时间,韩起要离开郑国。临行前,他带着礼物去私下里拜见子产。他对子产说:"您让我舍弃那个玉环,这是赐给我金玉之言,而免我一死,我岂能不来拜谢您的恩德。"

大国的使者请求得到一只玉环,在有的人来说,拱手相送唯恐不及,哪里还能拒绝呢!但在子产看来,这玉环是否相送,关涉着国家的信誉。因为国家与商人有着世世代代的盟誓,这盟誓只能遵守,不能违背。违背了盟誓,就会失去国家应有的地位。因此,他宁愿得罪大国的使者,也决不违背盟誓。也正是因为如此,郑国才能在大国的夹缝中得以生存、发展;否则,它早就会被大国吞食了。

(二)事业发展之生命

我们每个人都有着自己的事业。这事业有大有小,但无论是大事业还是小事业,要想让它持续蓬勃发展的话,就必须恪守诚信道德。如果我们能恪守诚信道德,那么,我们的小事业也能发展成大事业;如果我们不能恪守诚信道德,即使你有了大事业,日久天长,你的大事业也可能变成小事业,甚至走向破产。黑龙江省两个对俄市场的盛衰,就从正反两个方面证明了这一点。

诚信决定存亡

在黑龙江省,有两个重要的对俄口岸城市,这就是东宁县和绥芬河市。

东宁县与绥芬河市相距40多公里。中俄贸易开展以来,两地发生了戏剧性的变化:东宁县的对俄民贸市场,从红火到沉寂,而绥芬河市的对俄民贸市场,却从沉寂到红火。

这两个对俄民贸市场发生戏剧性变化的导演是谁呢?导演既不是张艺谋,也不是冯小刚,这导演是"诚信先生"和"失信先生"。

1990年东宁口岸正式开通。随着口岸的开通,东宁对俄民贸市场也逐渐形成。

在对俄贸易的地理位置上,东宁县有着明显的地理优势。东宁口岸距俄罗斯远东地区最大的港口城市符拉迪沃斯托克只有164公里,是我国所有陆路口岸中最近的一个口岸。而绥芬河原来只是东宁的一个小镇,大多数俄罗斯人是从绥芬河入境去东宁购物。

东宁县的对俄民贸市场开办之初,曾经非常红火。来东宁做生意的俄罗斯客商成群结队,摩肩接踵。这些俄罗斯客商对中国的许多商品都非常感兴趣,如鞋、羽绒服、运动服等都卖得相当好。在1992、1993年的两年时间里,东宁大大小小的边贸公司就开了1000多家。那时,每天街道上到处都能看到一辆辆满载着中国商品的车开往俄罗斯。生意最火爆的时候,有的俄罗斯人刚走出口岸,手里拿的俄罗斯商品就被中国人用服装交换了。

火爆的生意,巨大的利润,使得一些人的贪欲膨胀了起来。他们为了少投入,多收入,开始大量制售假冒伪劣商品。鞋盒子里装的不是皮鞋,而是砖头;羽绒服里装的不是羽绒,而是玉米秆芯;成人的衣服做得还没有童装大;黑色的皮衣一淋雨,全变了色,原来,上面的黑色竟是刷的墨汁。东宁对俄民贸市场几乎成了假冒伪劣商品的集中展销地。

然而，东宁市场这个致命的弊端并没能引起当地有关部门的足够重视，相反，绥芬河却看到了东宁市场的隐患。

东宁市场火爆时，大多数俄罗斯人从绥芬河入境去东宁购物。见此情形，绥芬河政府负责人便专门组织了一个考察团去东宁学习经验。谁知这一去，不仅学到了经验，还发现了隐患。而就是这隐患，改变了两个城镇发展的命运。

绥芬河政府发现了东宁对俄民贸市场存在的失信问题后，敏锐地认识到，发展对俄贸易必须在"诚信"上下功夫。于是，他们加大了打击假冒伪劣产品的力度，加强了对商户的诚信教育。绥芬河市工商局青云市场管理所副所长王永江说，短短的几年，我们就查处违章违法案件一百余起。针对来青云市场购物的95%以上都是俄罗斯人的特点，我们配备了专职俄语翻译受理投诉，并能做到"投诉有门，解决有人，处理有规，结案有期"。几年来，该市场管理所已受理投诉1000余起，为消费者挽回经济损失150万元。青云市场只是绥芬河市对俄民贸市场的一个缩影。

由于措施得力，遵守诚信，绥芬河市的对俄经贸迅猛发展，并有了"国境商都"的美誉。2000年，绥芬河市外贸进出口额达12.8亿元，占全省外贸进出口总额的38%，边境贸易额达11.5亿美元，占全省边境贸易总额的73%，在对俄经贸中已由过去的"小弟"变成了"大哥"。在青云市场从事服装经营的个体业者项春山说，现在绥芬河一些对俄经商者是经过10余年中俄经贸的大浪淘沙才存活下来的，他们感受最深的就是"诚信"二字。

随着绥芬河市对俄民贸市场的崛起，东宁对俄民贸市场却门庭冷落车马稀。从东宁入境的俄罗斯人越来越多地流向绥芬河，许多在东宁做对俄贸易的商人也迁往绥芬河。一位在绥芬河青云市场购买服装的俄罗斯商人说："以前的东宁货，假的太多，我现在只和绥芬河固定的中国商人做买卖，否则没有安全感。"

"诚信是市场的生命！毁掉一个市场很容易，重新培育却很难，因为他们毁掉的是诚信。"东宁县工商局一位副局长深有感触地说。

东宁县近年来也加大了规范市场的力度，现在商品质量有了很大改善，可对俄市场仍然难见昔日的繁华。[1]

东宁的失败，绥芬河的成功，让我们真实地看到了诚信这把双刃剑的作用。如果我们坚守诚信，我们的事业就会获得巨大的成功；如果我们亵渎诚信，我们就会遭受灭顶之灾。

（三）人类和谐相处之魂

谁都想在和谐、友好、安定、团结的环境中工作、学习和生活，不愿在互相争吵、勾心斗角、剑拔弩张的气氛里过日子。但客观事物的发展，却很难按照我们自己的美好愿望去进行。事实上，没有矛盾就没有世界。凡是有人群的地方，就有分歧、有隔阂、有冲突、有怨恨、有不满意、有不理解，这些都是社会生活的不协调因素，而这些不协调因素直接影响着人际关系的正常交往。那么怎样能减少矛盾冲突，消除隔阂分歧，化解这些不协调因素呢？恪守诚信道德，不失为一种重要的方法。

美国著名作家欧·亨利在他的小说中描写的病人同强盗成为朋友的故事，有助于我们理解诚信在人际交往中的作用。欧·亨利描写的故事是这样的：

一天晚上，一个人患病躺在床上。突然，一个蒙面汉子跳进阳台，接着又闯到床边。他握着手枪，对病人厉声喝道："举起手来，把钱拿出来。"

---

1. 高广志、高增双：《两个对俄市场 为何一盛一衰》，《市场报》，2002年3月28日。

病人哭丧着脸说:"我患了非常严重的风湿病,手臂痛得要命,哪里能举得起来呀!"

没曾想,强盗听了这话,愣了下神,马上变换了口气,说:"哎,老兄,我也有风湿病,可是比你的病轻多了。你得这种病多久了?都吃什么药?"

病人把自己吃过的水杨酸钠到各类激素药都历数了一遍。强盗听后,发感慨说:"水杨酸钠不是好药,那是医生骗钱的药,吃不好也吃不死。"

于是两个人热烈讨论起来,尤其对一些骗钱的药物颇有同感。他俩越谈越热乎,最后强盗竟忘了自己闯进来的目的,不知不觉地坐到床上,并把病人扶坐了起来。

忽然,强盗意识到自己手里还拿着枪,觉得十分尴尬,便偷偷地把它放进了衣袋里。为了表示歉意,强盗问病人:"你有什么需要我帮忙的吗?"

病人说:"咱们有缘分,我那边的酒柜里有酒和酒杯,你帮我拿来,庆祝一下咱俩的相识。"

强盗说:"算了吧,干脆咱们到外边的酒馆去喝个痛快,怎么样?"

病人皱着眉说:"可是我的胳臂太疼了,穿不上外衣。"

强盗说:"没关系,我帮你忙。"强盗说着,就帮病人穿起外衣来。待病人穿戴整齐,他便扶着病人朝外走去。

刚出门,病人忽然高声说道:"唉哟,我还没带钱呢!"

"没关系,我请客!"强盗回答说。

简直是不可思议,短短的时间里,病人和强盗竟成了要好的朋友。是什么力量促使两人之间发生这种戏剧性变化的呢?不用说,是病人的诚信。他先是以坦诚的态度与强盗交谈,随后,又对强盗表示了信任的态度。正是在他的诚信感召下,强盗放弃了对他的伤害,而居然要"请客"。

也许有读者认为笔者所举的这一案例没有说服力,因为它毕竟是小说,小说是允许虚构的。但如果您看了刘心武所写的散文《跟陌生人说话》,您就会进一步感受到诚信在人际交往中的力量了。作者写道:

父亲总是嘱咐子女们不要跟陌生人说话,尤其是在大街、火车等公共场所,这条嘱咐在他常常重复的诸如千万不要把头和手伸出车窗外等训诫里,一直高居首位。母亲就像安徒生童话《老头子做事总是对的》里面的老太太,对父亲给予子女们的嘱咐总是随声附和。但是母亲在不要跟陌生人说话这一条上却不能率先履行,而且,恰恰相反,她在某些公共场合,尤其是在火车上,最喜欢跟陌生人说话。

……

有年冬天,我和母亲从北京坐火车往张家口去。那时我已经工作,自己觉得成熟多了。坐的是硬座,座位没满,但车厢里充满人身上散发出的秽气。有两个年轻人坐到了我们的对面,脸相很凶,身上的棉衣破洞里露出些灰色的絮丝。母亲竟去跟对面的小伙子攀谈,问他手上的冻疮怎么也不想办法治治。又说每天该拿温水浸它半个钟头,然后上药。那小伙子冷冷地说:"没钱买药。"还跟旁边的另一个小伙子对了对眼。我觉得不妙,忙用脚尖碰母亲的鞋帮。母亲却照例不理会我的提醒,而是从自己随身的提包里摸出一盒如意膏,那盒子比火柴盒大,是三角形的,不过每个角都做成圆的,肉色。打开盒子,里面的药膏也是肉色的,发散出一股浓烈的中药气味。她就用手指剜出一些,给那小伙子放在小桌上的手有冻疮的地方抹那药膏。那小伙子先是要把手缩回去,但母亲的慈祥与固执,使他乖乖地承受了那药膏。一只手抹完了,又抹了另一只;另外那个青年也被母亲劝说得抹了药。母亲一边给他们抹药,一边絮絮地跟他们说话，大意是这如意膏如今药厂不再生产了，这是家里最后一盒了，这药不但能外敷，感冒了，实在找不到药吃，挑一点用开水冲了喝，也能顶事；又笑说自己实在是落后了，只认这样的老药，如今新药品种很多，更科学更可靠，可惜难得熟悉了……末了，她竟把那盒如意膏送给了对面的小伙子，嘱咐他要天天给冻疮抹，说是别小看了冻疮，不及时治好抓破感染了会得上大病症。她还想跟小伙子聊些别的，那俩人却不怎么领情，含混地道了谢，似乎是去上厕所，一去不返了。

火车到了张家口站，下车时，站台上有些骚动，只见警察押着几个抢劫犯往站外去。我眼尖，认出里面有原来坐在我们对面的那两个小伙子。又听有人议论说，他们这个团伙原是要在3号车厢动手，什么都计划好了的，不知为什么后来跑到了7号车厢去了，结果事情败露被逮……我和母亲乘坐的恰是3号车厢。

父亲告诫子女们不要跟陌生人说话，是因为他知道如今社会上的骗子太多，话说多了，容易上当受骗。不跟陌生人说话，骗子即使骗术再高，也很难找到下手的机会。但母亲却偏偏最喜欢跟陌生人说话。事情有时候就是这么不可思议，喜欢跟陌生人说话的母亲，不但没有受骗，还因为她的善良、她的诚实，避免了受伤害。难道说这不是诚信的力量吗？

三、知易行难

古人云："知易行难。"这话的确有道理。我们每个人几乎都知道做人要讲诚信的道理，但要真正能坚持做到，却不是一件容易的事。要做到诚信，需要具有以下的品质：

（一）忠诚坦荡的气魄

记得有人说过，选择"诚信"还是选择"虚伪"，这是摆在每个人面前仅次于选择生还是死的问题。

在几乎是"生与死"的选择面前，没有忠诚坦荡，没有非凡的勇气和胆量行吗？

1959年7月2日，毛泽东同志为了进一步总结"大跃进"和"人民公社化运动"中的经验教训，纠正"左"倾错误，调整经济发展计划，安排好今后的工作，在江西庐山召开了政治局扩大会议。

在此次会议期间，彭德怀同志按照这次会议原定的议题和宗旨，根据自己深入调查了解到的实际情况，先在西北组会上坦诚地发表了自己的意见和看法：

第一，要找经验教训，不要埋怨，不要追究责任。人人有责任，人人有份，包括毛泽东同志在内，我也有份。

第二，全民办钢铁这个口号究竟对不对？人民公社我认为办早了些。政治与经济各有不同的规律，因此，思想教育不能代替经济工作。

第三，基层党组织的民主问题要注意，省、地的民主是否没有问题呢？现在是不管党委的集体领导的决定，而是个人决定，第一书记决定的算，第二书记决定的就不算，不建立集体威信，只建立个人威信，是很不正常的，是危险的。

第四，新中国成立以来，一连串的胜利，造成了群众性的头脑发热，因而，向毛主席反映情况只讲可能和有利因素。在大胜利中，容易看不见、听不进反面的东西。

然而，毛泽东同志却认为：1958年的错误与成绩相比，是九个手指头比一个手指头或七个手指头比三个手指头，成绩是主要的。而且，这种错误从郑州会议以来，已基本解决。并在 7 月 10 日召开的组长会上，批评党外右派否定一切，批评党内有些干部说"大跃进"得不偿失。并认为这是右倾情绪在党内的反映，是在纠"左"的过程中出现的右倾问题。

毛泽东的这番批评，以及会上一些同志不能客观、冷静地分析、研究问题，不愿多谈缺点和教训的护短行为和不能虚心倾听批评意见的现象，使彭德怀感到毛泽东的领导作风存在问题，再这样发展下去，就不可能使人们对"左"倾错误思想有个更深刻的认识，就不能达到这次会议的原定目的，更不利于今后的工作。为此，他在别人不敢讲话，大会又快结束的情况下，于 7 月 13 日晚，连夜给毛泽东写了一封信，14 日送给了毛泽东。

这封信主要有三部分。在信的第一部分，彭德怀同志先是肯定了 1958 年"大跃进"的成绩，而后，指出了存在的一些问题：

"1958 年的基本建设，现在看来有些项目是过急过多了一些，分散了一部分资金，推迟了一部分必成项目，这是一个缺点。基本原因是缺乏经验，对这点体会不深，认识过迟。因此，1959 年就不仅没有把步伐放慢一点，加以适当控制，而且继续大跃进，这就使不平衡现象没有得到及时调整，增加了新的暂时困难……"

在信的第二部分，彭德怀同志重点谈了"如何总结工作中的经验教训"问题。他写道：

现时我们在建设工作中所面临的突出矛盾，是由于比例失调而引起各方面的紧张。就其性质看，这种情况的发展已影响到工农之间、城市各阶层之间和农民各阶层之间的关系，因此也是具有政治性的。

过去一个时期工作中所出现的一些缺点错误，原因是多方面的。其客观因素是我们对社会主义建设工作不熟悉，没有完整的经验。但是，最重要的是在过去一个时期，在我们的思想方法和工作作风方面，也暴露出不少值得注意的问题。这主要是：

1.浮夸风气较普遍地滋长起来。去年北戴河会议时，对粮食产量估计过大，造成了一种假象。大家都感到粮食问题已经得到解决，因此就可以腾出手来大搞工业了。在对发展钢铁的认识上，有严重的片面性，没有认真地研究炼钢、轧钢和碎石设备、煤炭、矿石、炼焦设备、坑木来源，运输能力，劳动力增加，购买力扩大，市场商品如何安排等等。总之，是没有必要的平衡计划。这些也同样是犯了不够实事求是的毛病。这恐怕是产生一系列问题的起因。浮夸风气，吹遍各地区各部门，一些不可置信的奇迹也见之报刊，确使党的威信蒙受重大损失……

2.小资产阶级的狂热性，使我们容易犯"左"的倾误。在1958年的大跃进中，我和其他不少同志一样，为大跃进的成绩和群众运动的成绩所迷惑，一些"左"的倾向有了相当程度的发展，总想进一步跨进共产主义，抢先思想一度占了上风；把党长期以来所形成的群众路线和实事求是作风置诸脑后了。在思想方法上，往往把战略性的布局和具体措施，长远性的方针和当前步骤、全体与局部、大集体与小集体等关系混淆起来……

在信的结尾，彭德怀写道："我觉得，系统地总结一下我们去年下半年以来工作中的成绩和教训，进一步教育全党同志，甚有益处。其目的要达到明辨是非，提高思想，一般的不去追究个人责任。反之是不利于团结，不利于事业的。"[1]

---

1. 彭德怀：《彭德怀自述》，人民出版社，1981年12月版。

我们可以看出，彭德怀的信的确是一片赤诚之言。然而，由于当时党内政治民主生活不正常，以至于毛泽东把这一番忠言，看成是向以他为首的党中央发起的进攻，不但发动了对彭德怀等同志的大批判和"大清算"，而且，还以反党、反人民、反社会主义、右倾机会主义和"反党集团"的罪名，撤销了他国务院副总理和国防部长的职务。

在现实生活中，能像彭德怀同志那样有勇气和胆量始终坚持诚信的人不说是寥若晨星，也是为数不多。因为在很多时候，坚持诚信是要付出代价的。彭德怀同志就为此而付出了沉重的代价。

对于因为讲诚信而付出的代价，我们听听彭德怀同志是怎样说的。彭德怀同志常常说，一个共产党员，特别是党的高级干部，不应该隐瞒自己的政治观点。为了坚持真理，应该抛弃一切私心杂念，真正具有不怕杀头、不怕坐牢、不怕撤职、不怕开除党籍、不怕老婆离婚的"五不怕"精神。

彭德怀同志不仅具有"五不怕"精神，而且他最讨厌那种明哲保身、不讲原则的干部。

1956年，苏联的一个代表团来我国访问，彭德怀同志当面质问当时的苏联部长会议第一副主席米高扬："斯大林有缺点，他在世时，你们为什么不提意见？他死了你们就拼命反对他？"米高扬回答说："当时不敢提呀，提了要掉脑袋！"彭德怀义正辞严地说："怕死还当什么共产党员？！"

庐山会议之后，军委扩大会议在北京召开。会上，有人让彭德怀同志供出所谓的"军事俱乐部"的组织、纲领、目的、名单。彭德怀同志坚持实事求是的原则，不予回答。于是，有人就给他加上了不老实、不坦白、狡猾等罪名。

一次，彭德怀在军委扩大会议作检讨时，有人大呼口号："你快交代呀！""不要再欺骗我们了！"听了这些口号，他非常气愤，说道："开除我的党籍，拿我去枪毙罢！你们哪一个是'军事俱乐部'成员，就自己来报名吧！"

事后，彭德怀同志说："我不能乱供什么'军事俱乐部'的组织、纲领、目的、名单等，那样做，会产生严重的后果。我只能毁灭自己，决不能损害党所领导的人民军队。"

这几乎就是生与死的抉择。

（二）坚强非凡的意志

坚守诚信，说起来简单，做起来难。它不仅需要有非凡的勇气和胆量，还要有非凡的意志。只有具有非凡的意志，才能抵得住各种诱惑，才能不为金钱所动，不为私欲所惑，不为美色所迷，不为权势所撼。下面的故事可以给我们某种启迪：

埃及的迪拉玛，被人称为魔鬼城。它位于帝王谷的入口处。迪拉玛之所以被称为魔鬼城，是因为凡是走进这个小城的外地人，没有一个不上当受骗。从比东法老到兰塞法老的600年间，无一例外。

据史书记载，第一个来到魔鬼城的外地人，是一位阿拉伯商人。他想贩一些银器回国，结果被一位带路的小孩把脚上正穿着的一双皮靴给骗走了。

还有一位来自大马士革的旅行者，他打算到帝王谷去探宝。结果，他刚走进魔鬼城不到一刻钟，就被一个吉卜赛人连钱带行李骗了个精光。只好灰溜溜地离开了魔鬼城。

据说，就连印度一位道行最高的巫师，他也没逃脱被骗的厄运。

第九章 人类发展史的重要课题

一天，这位巫师漫游到了魔鬼城。事实上，长途漫游的巫师已经几乎身无长物，只有一个铜蛇管，还算是他的财产。但就连这么一件唯一的东西，也被一个哑巴骗走了。

对于魔鬼城之谜，历来众说纷纭，莫衷一是。有人说，凡是走进魔鬼城的人都被骗，是因为埃及法老图特安哈门的咒语在起作用。他说，凡扰乱法老安宁的人必死。而在这个入口处，他是用"让你破财"的方式，仁慈地提醒你不要走进帝王谷。也有人说，迪拉玛是狮子、水牛、天狼三个星座在地球上的重心投射点。这种特殊的地理位置，使得走进迪拉玛的外地人头脑都要变得一塌糊涂。

果真如此吗？来自古希腊的一位哲学家让人们对这种说法产生了怀疑。

哲学家作为外地人，在迪拉玛城住了一年之久。可是当他走出迪拉玛时，他不仅头脑依然清晰，而且身上所携带的各种物品一样都没有被骗走。

有位罗马商人得知此事后，很是兴奋。他认为，一个能"完整"地走出魔鬼城的人，一定是破解了法老咒语的人。因为他知道，迪拉玛城是埃及法老图特安哈门特意安排的。据罗马的羊皮书记载，图特安哈门法老的陵墓修好后，为防止盗墓贼入侵，曾把3000名骗子秘密流放到这里，让他们在这里居住。因为法老相信，一类人的智慧能制约另一类人的智慧。

于是，罗马商人决定去拜访这位哲学家，以探索缘由。然而，当他带领着自己的商队来到希腊时，他却遗憾地被告知，哲学家已经去世五年之久了。但希腊人告诉他，哲学家从迪拉玛城漫游归来后，曾在摩西神庙的石壁上留下过一句话，这句话也是他的临终遗言。

罗马商人听说后，立即赶往摩西神庙。在神庙的石壁上，他看到了哲学家留下的话："当你对自己诚实时，天下就没人能够欺骗你"。

罗马商人凝视着这段话，禁不住喃喃自语："说得真好！说得真好！"然后，他匍匐在地，表示对哲学家的敬慕。

记得有人说过："你最大的敌人就是你自己。"事实上，战胜别人容易，战胜自己难。在金钱、美女、权力的诱惑面前，要想心不动，手不伸，始终保持诚信的品质，没有非凡的意志是做不到的。哲学家之所以能头脑清晰地走出迪拉玛城，就是因为他有着非凡的意志，对自己诚实，从而战胜了自己，抵御了各种各样的诱惑。

（三）勇于献身的精神

坚守诚信不仅需要非凡的勇气和胆量，需要具有非凡的意志，有时，甚至还需要付出生命的代价。《做人与处世》2001年第五期曾登载了程咏泉撰写的一篇感人的故事。作者讲述了峄县苏家三代历经半个世纪的磨难，置生死于不顾，最终实现了自己的诺言的故事。故事大致如下：

苏家是峄县的名门望族。台儿庄大战那年，一位姓丰的国民党军官住进了苏家。

即将开战前，丰姓军官交给苏焕文老先生一块玉玺，并对苏老先生说，这是洪武皇帝朱元璋的印，乃无价之宝，请老先生代为保存，等打完仗后他再来取。

苏老先生看过玉，深感责任重大，不敢接。丰姓军官见此情形，单腿跪下，恳求道："此玉自祖上传自鄙人手上，鄙人一直视若生命，未有一分一秒不带在身上。但鄙人此去战场，生死未卜，而最担心的还是这块玉落入敌人手中，故托于苏先生您。如果我活着，我就来取玉；如果我死了,这玉就归您。请您不要推辞。"

苏老先生见他言辞恳切,不便再推托,就双手接下了这块玉,并承诺说:"你放心打仗去吧。人在玉在,人不在玉也要在。你的玉,等你来取。"

台儿庄大战历时十余日,惨烈异常,双方军人伤亡无数。大战结束,丰军官却没来取玉。苏老先生叹了口气,以为他已战死疆场。苏老先生拿出玉,看了又看,不知如何处置为好。思来想去,他找出一个铁匣子,把玉装到了里面。之后,他在大门外挖了一个深坑,把铁匣子放进埋好,又在上面栽上了一棵树。

几年后的一天夜里,一伙土匪突然闯进了苏家。土匪将苏老先生绑起来,吊在了树上,点名要那块玉,苏老先生摇了摇头。

土匪头子冷笑着在苏老先生的脚下堆起了柴火,将他活活烧死了。

转眼间到了"文革"期间。一伙造反派听说苏家给一位国民党军官保存着一块玉,就给苏老先生的儿子苏树玉扣上了一顶"内奸"的帽子,并将他拉出去游街批斗。造反派头子垂涎那块宝玉。他对苏树玉说:"只要你交出那块玉,我就既往不咎,保你平安无事。"

苏树玉像父亲一样摇了摇头。造反派头子得不到玉,就让手下的人狠狠打他,将他打得奄奄一息。但是他始终没有吐露半个字。

苏树玉被人抬回了家。弥留之际的苏树玉对儿子嘱咐:"那块玉上有你爷爷和我的血,你一定要把它守好,我们苏家不能失信于人。"苏树玉说完就去世了。

十几年后,苏树玉的儿子苏守玉做了一家公司的老板。一年,他做生意失利,欠下了银行的巨款。为还债,他在一天夜里砍倒了门前的树,找到了那块玉,想卖玉还债。

这时,他想起了爷爷和父亲的惨死,想起了父亲临终前的话,不由得痛哭失声。

天亮了,苏守玉没有卖掉玉,而是将传了数代的苏家老宅卖掉了。

又过了几年,忽然从台湾来了一位老人。他几经周折找到了苏守玉。苏守玉在弄清楚了老人的真实身份后,将玉交到了老人的手里,却只字未提家中为这块玉所付出的代价。

老人说:"孩子,你为什么不告诉我你爷爷和你父亲为这块玉所做的一切呢?"

苏守玉回答老人:"事情都过去了。还提它干什么?我们一家人所做的一切,都是为了当初的诺言。"

老人老泪纵横,将玉交给苏守玉:"这块玉应该放在你们苏家。"

苏守玉拒绝了老人,把玉还给了老人。他对老人说:"我们苏家有一块玉,那就是做人的诚实和守信。"

这篇文章虽然带有较浓的文学色彩,但其生活基础却是非常牢固的。

四、人们为诚信归来所做的努力

毋庸讳言,现在的社会诚信严重缺乏。因此,人们热切地呼唤"诚信归来"!诚信归来的路在何方呢?人们尝试着各种途径来试图使诚信回到自己的身边,在自己的心中永驻。

从近期的新闻报道中,我们不难看出人们为诚信归来所做的种种努力。

(一)公证约束

在武汉,有一对夫妻,可以称得上是情投意合。但有鉴于社会上有男人一有钱就变坏,一有权就找红颜知己,女方便开始担心自己的老公也会做对不起自己的事,上演红杏出墙的婚外恋情剧。于是,她便与老公约法三章,并将约定的内容拿到公证处进行"忠诚公证":若因"包二奶"离婚,所有房屋、财产全给女方,儿子归女方抚养,男方必须每月支付抚养费若干,还必须一次性赔偿女方 20 万元。

初看这条新闻,觉得好笑。但仔细想想,则觉得可悲。可悲在女方的无奈选择上。这种公证或许对男方是一种约束,但也只能是一种约束而已,并不能完全阻止他的"背叛"。他如果不想忠实于婚姻的话,财产归属权、儿子抚养归属权的丧失对他是没有制约作用的。

(二)投保保诚信

创新来源于需求。近年国内有保险公司就根据诚信的需求设立了"雇员忠诚险"的险种。该险种设立后,上海金狮塑胶工业公司这家中外合资企业,便在上海平安保险公司为属下 130 名员工投保了"雇员忠诚险"。然而,保险也没能保住雇员的忠诚。在保险即将到期时,该公司派往重庆设办事处的一名雇员突然从人间蒸发,其经手的 40 万元也不知去向。该公司因投保了"雇员忠诚险",便向保险公司索赔。

用投保的方式来保员工的忠诚,也是一种无奈之举。因为明眼人一看便知,员工的忠诚是不可能用保险来保证的,能保证的,只是公司因员工不忠而获得赔偿的利益。

(三)包装设计

近年来,人们越来越看清了诚信的重要作用,因此,应运而生了一种全新的职业设计理念,这就是通过设计包装,让被设计者"看起来更诚信，工作效率更高，显得更有智慧"。

在职业设计界，还有一个经典的案例：一位企业老总由于先天的原因，眼睛每隔三四秒钟就要眨一眨。这种毛病使得这位老总给人的感觉是狡诈诡秘有余，而诚信不足。于是，他找到职业设计公司，让他们为自己设计包装。设计者给他配了一副眼镜。通过镜片的隔离层，使他的缺点得到了弱化。

实质上，用这种方式来使人"看起来更诚信"本身就是一种不诚信的表现。因此，如果从诚信的角度来看待它，这种方法应该休矣！

通过叙述分析，我们不难看出，不管是公证约束也好，还是投保保险也罢，抑或是设计包装这种形式，都是外在的形式，这种形式是无法使诚信真正归来的。因为真正的诚信应该是表里如一的，这就是人们常说的："诚于中而形于外"。那么，诚信归来的路在何方呢？

第十章
社会诚信的基石如何重铸

现在,人们为"诚信"的归来,做了种种的努力。这种努力有着一定的意义。那么,社会诚信的基石如何重铸?

诚信社会基石的重铸,是一项非常复杂的系统工程,它需要综合运用多种手段和方式,如行政手段、文化手段、经济手段、法治手段等。而在社会主义市场经济的条件下,诚信社会基石的重铸,则更有赖于法治手段和道德方式的结合,有赖于道德建设和法治建设的加强。

一、重视道德教化的作用

我国自古以来就有重视道德教化的传统，认为道德教化在维护社会秩序、促进良好社会风尚形成方面具有重要的作用。孔子老先生就说："道之以政，齐之以刑，民免而无耻；道之以德，齐之以礼，有耻且格。"（《论语·为政》）

孔老先生的意思是说，用政法来诱导百姓，使用刑罚来整顿百姓，百姓只是暂时地免于罪过，却没有廉耻之心；如果用道德来诱导他们，使用礼教来整顿他们，百姓不但有廉耻之心，而且人心归服。

罗从彦在《议论要语》中则说："教化者，朝廷之先务；廉耻者，士人之美节；风俗者，天下之大事。朝廷有教化，则士人有廉耻；士人有廉耻，则天下有风俗。"

在罗从彦看来，用道德来教化百姓，是朝廷的首要任务。朝廷如果能用道德来教化百姓，百姓就会知廉耻；百姓知廉耻，社会的风气就好了。

古人之所以重视道德教化的作用，是因为他们充分认识到了道德的感召力量。卡耐基在《人性的弱点》中，曾讲过这样一个故事：

太阳和风要比试谁的力量大，正好看到路上走着一位穿棉袄的老头。他们便约定谁能把老头的衣服脱下来，谁就算赢。

风首先出场，它猛烈地向老头刮去，结果，它越使劲地刮，老头把棉袄就裹得越紧，风无可奈何地败下阵来。

这时，只见太阳出场了。它用温和阳光照在老头的身上，并不断地加温。老头先是解开了纽扣，但还是耐不住热，最后终于脱下了棉袄。

道德教化的作用就像太阳一样，虽然是"随风潜入夜，润物细无声"，但却能真正作用于人的内心,使人们自觉自愿地按照道德规范的要求去做。

那么,要培养人们的诚信道德品质,应该如何进行道德教育呢?

(一)大力进行思想宣传教育

现实社会中,有人由于诚信道德知识缺乏,不知道在社会生活中应该如何遵循诚信道德规范;有的人诚信道德辨别能力差,在新旧道德的冲突中,分辨不清是非道德,迷失了方向,以至于颠倒了善恶、美丑的界限,导致了思想堕落,道德败坏,结果走向犯罪的道路。

因此,我们必须加强对广大公民进行诚信道德知识的教育,提高他们的诚信道德辨别能力,增强他们的诚信道德信念。

(二)建立诚信道德评价体系

所谓道德评价,是指生活在一定社会环境中的人们,直接依据一定社会的道德准则,通过社会舆论或个人心理活动对自身或他人已经发生的行为所做的善恶性质及价值判断。它被人们形象地比喻为"道德法庭"的审判。

道德评价在人们的社会生活中起着价值导向的作用,特别是在当前新旧观念冲突、新旧利益调整,各种思想文化相互激荡,人们的思想错综复杂,人们的是非善恶评判标准模糊不清的情况下,这种作用就更为显著。

社会迫切需要通过诚信道德评价来帮助人们认清应该赞成什么,反对什么;提倡什么,谴责什么;允许什么,限制什么。因此,建立社会主义诚信道德评价体系就成为社会发展的客观要求。

通过各种舆论工具,形成以讲诚信为荣,不讲诚信为耻的扶正祛邪的强大道德舆论氛围,使身体力行诚信者受到社会舆论的大力肯定和褒扬,使背离诚信的人受到社会舆论的批评乃至谴责。这必将推动诚信道德建设的发展。

华北电力大学(北京)法政系就将诚信引入到了学生的评价体系中。

该系制定了诚实守信承诺书,其中共有九条:考试不作弊、不偷盗、不赌博、不酗酒、不破坏公物、不恶意贷款、不伪造证件、不篡改成绩单等。另外在学校内不能留宿异性、做网络的文明使者、不发送电脑病毒、不编造一些虚假的新闻、不偷看他人的电子邮件等。要求在校学生必须做到,用自己的人格和信誉担保,不能违背这九条。这九条其实都是做人的根本的道德和品质。要求每个学生在承诺书上签字。承诺书共三份,自己留一份,给家长送一份,系里要备案一份,每学期对他的诚实守信情况进行鉴定。

该系副书记刘威介绍说:"我们没有搞承诺书之前,有作弊的情况,有偷盗的情况,也有留宿异性的情况;但我们搞了承诺书后,到目前为止还没有发现一例违反承诺书的情况,也就说明学生对自己的信誉和人格还是比较看重的,关键是看你怎么引导他,怎么采取办法积极来做这样的事。"

二、建立健全法规制度

现在的人们只要一谈到诚信问题,都会说外国人讲诚信,似乎外国人的道德水准比咱们中国人高出许多。其实,外国人能自觉地讲诚信这是事实,但他们的整个道德水准并非比咱们国人高多少。说句有些显得夜郎自大的话,当我们的黄河长江已经哺育出绚丽的纺织花朵,浇淬出锐利的宝剑的时候,泰晤士、莱茵和密西西比河上的居民,还裹着树叶、拿着石制的武器在漫漫的原始森林里徘徊。

辉煌的物质文明,必然要有与之相适应的精神文明。因此,高尚的道德品质就格外为我们中华祖先所看重,尤其是对于诚信,更是推崇备至。不论是儒家还是道教,乃至法家,都极为看重诚信的价值。孔子认为"民无信不立";荀子说"养心莫善于诚";墨子提出"志不强者智不达,言不信者行不果。"道家的老子说:"轻诺必寡信。"庄子重视"本真":"真者,精诚之至也。不精不诚,不能动人"。法家韩非子则认为"巧诈不如拙诚"。

这些优秀的文化传统千百年来一直流传着,影响和教育着我们一代又一代的炎黄子孙。显而易见,我们炎黄子孙的道德水准不会比外国人低的。

区别对待　　　　　　　　　　　　　　　新华社发　王威　作

既然我们国人的道德水准不比外国人低，那为什么我们的国人不能像外国人那样自觉地讲诚信呢？请听西方人是怎样说的。西方人说："总统是靠不住的，唯一可靠的是制度"。原来，问题的关键，是我们缺乏健全的法制环境来保障诚信。

在国外，信用状况是依靠严密的法制环境来保障的，谁破坏诚信，谁就要付出沉重的代价。如果有人在银行借款到期不还，那么，以后他到任何一家银行借款，都会碰壁，甚至他找工作都要受影响，甚至他买保险的保费都要比他人贵，贷款的利率也要比别人高。据一位在美国工作的朋友说，6年前，他有一笔92美元的账单没有付，后来这事他自己都忘了。结果2001年他买房子到银行贷款时，15年期的固定贷款利率是7%，而他却要付7.5%，因为银行在他的信用记录上记录了那笔欠款，结果，他不得不为此多付几千美元的利息。

看来，我们要想让诚信能够有效地被遵守，必须建立健全法规制度，用完善的法规来保证诚信规则的实现。

（一）完善的法规制度是达到诚信的最经济的方式

在17世纪至18世纪时，英国运送犯人到澳大利亚，规定按上船时犯人的数量给付私营船主费用。因此，私营船主们为了牟取暴利，便不顾犯人的死活，将犯人像沙丁鱼一样塞满船舱。由于犯人人数过多，使得船舱内的环境极为恶劣，许多犯人在中途便命丧黄泉。更为恶劣的是，有的私营船主们有时刚一出海，就将犯人活活扔进海里。

针对这种现状，英国政府制定了一个新的政策。他们规定按照到达澳大利亚活着的犯人数量来支付费用。这样一来，私营船主绞尽脑汁、千方百计地让尽可能多的犯人活着到达目的地。

结果，后期运往澳大利亚的犯人的死亡率大幅降低，最低时只有1%，而原来最高时，可达94%。

运往澳大利亚犯人的死亡率高低，说明了法规制度是否完善的重要性。规定按上船时犯人的数量给付私营船主费用，死亡率可高达94%，说明法规制度不完善；规定按照到达澳大利亚活着的犯人数量来支付费用，死亡率最低时只有1%，说明法规制度的完善。显而易见，达到诚信目标的最经济的方式，就是要有完善的法规制度。

（二）完善的法规制度是保障诚信实现的有效手段

古人云："不以规矩，无以成方圆。"诚信目标的实现，也必须有法制来保障。要通过立法、执法建立诚信的规范和失信惩罚机制。通过这一机制，使失信者受惩罚。在国外，失信的人是要为此而付出代价的。比如，一个留学生在德国的地铁，发现护栏很矮，就自以为聪明地逃票跃栏而入。但是，找工作时麻烦来了，用人企业说，你这个人连地铁票都逃，谁敢录用你？

又如，有100多年历史的法国保姆协会成立前，总有一些雇主虐待保姆。保姆们联合起来成立了协会，对所有的长期雇主进行声誉记录。那些有劣迹的则不被推荐服务，这下雇主们再也不敢随意欺侮保姆了。这就是失信惩罚机制的作用。而作为企业更是有严格的信用记录，如果被列上黑名单，没有人会和你做生意。

三、创造诚信的文化环境

记得一位名人说过："人可以创造环境，环境也能创造人。"诚信也是如此。人可以创造诚信的文化环境,诚信的环境也能"创造"诚信的人。

(一)诚信的环境很令人担忧

我们从懂事的时候起,就被教育说,做人一定要讲诚信,但同时我们也被一些不讲诚信的事情所包围着。诚信的环境很令人担忧。

别的不说,就拿父母教育小孩子的事情来说吧,绝大多数的父母都在子女面前扮演了不守诚信的启蒙老师的角色。

孩子考试前,父母承诺说:"你如果能考全年级第一名,我奖励你三百元钱。"孩子听了很高兴,开始努力学习。考试后,孩子交上了合格的答卷,但父母却食言了:"你就该考第一,我们哪有那么多钱给你。"

母亲要出门,孩子哭着闹着也要跟着去。母亲哄她说:"别哭,等妈妈回来给你买个布娃娃。"孩子不哭了,高兴地等妈妈给她带个布娃娃回来。可是,等妈妈回来时,却两手空空,布娃娃还在商店里摆着呢!

这食言的父母就是不诚信的"老师"。在这样的"老师"教育下,子女也会效法而行。

即使是学校的老师,有时也会自觉或不自觉地让学生绕开诚信。如某小学练习续写作文:"一天,我穿着新衣服去上学,结果,意想不到的事情发生了……"

结果,写自己在公共汽车上跟小偷搏斗,新衣服被小偷撕破了的同学得了最高分;写自己扶老奶奶横过马路,老奶奶的呕吐物将自己的新衣服弄脏了的同学也取得了好成绩;但写同桌不小心用圆珠笔油将自己的新衣服染脏了的同学却落得不及格。老师的评语是:"选材没有积极意义,故事太平淡,主题没有深意。"

这里,语文老师就是不自觉地让学生们绕开了诚信。如果我们稍动动脑筋就会明白,凶狠的小偷怎么可能只撕衣服不伤人?宽宽的马路,老奶奶恶心了怎么不往马路上吐,却偏偏往帮助自己的人的新衣服上吐?显然是有悖常识的。而同桌不小心用圆珠笔油将自己的新衣服染脏了,则是可能发生的事。

但是,遗憾的是,语文老师却给这些不真实的故事得了高分,而给真实的故事判了低分。这分数无疑表明了老师对作文内容的评价态度。老师的这种态度也无疑会对学生的思想起着导向作用。

由此可见,加强社会的诚信建设,还必须构建一个良好的诚信环境。

(二)诚信教育要从娃娃抓起

曾子是孔子的学生,名叫曾参。他很有学问,还写过书。曾子说过:"吾日三省吾身,为人谋而不忠乎,与朋友交而不信乎,传不习乎?"意思是说,我每天都要多次反省自己,检查自己和别人商量的事情是不是忠诚地去办了;和朋友交往是不是守信用了;老师传授的知识是不是认真地复习了。

曾子不但这样说,而且也是这样做的。曾子为儿子杀猪的故事就是他的诚信实践。

一次,曾子的妻子要到集市上去买东西。她的小儿子也要跟着去。母亲不让他去,他就在后面哇哇地大哭起来。母亲哄着他说:"好孩子,你回家,等我回来给你杀猪,炖猪肉给你吃。"

孩子听说等妈妈回来有猪肉吃,就立刻不哭了。这话也被曾子听见了。

曾子的妻子从集市上回来,听见曾子在霍霍地磨刀,像是真要杀猪的样子,不禁扑哧地笑了,急忙上前劝阻说:"我说杀猪,只不过是哄孩子玩玩,你倒认真起来了,真要杀猪给他吃。这不过年不过节的杀什么猪？"

曾子说："不能和小孩子随便开玩笑。孩子小，还没有分辨是非的能力，事事处处都模仿着父母的言行，听父母的教诲。现在你向他说谎话，这是教孩子撒谎呀。母亲现在说谎，孩子长大也要向别人说谎，不能这样教育孩子。所以，即使不过年不过节也要把猪杀了给他吃。我们要对自己所说的话负责。"

曾子的妻子听了，点了点头，认为曾子说得对。曾子就把猪杀了，曾子的妻子也按自己说的去办，炖了猪肉给孩子吃。

能像曾子这样讲求诚信的人，在世上可能是寥若晨星。一般人肯定认为，小孩子吗，哄哄就算了，哪值得那么认真。说给他杀猪吃就杀猪吃，这还了得！

这也许就是我们现在诚信成为稀缺资源的重要原因之一。人们没有意识到，诚信教育必须从孩子抓起。正如曾子所言，"孩子小，还没有分辨是非的能力，事事处处都模仿着父母的言行，听父母的教诲。现在你向他说谎话，这是教孩子撒谎呀。母亲现在说谎，孩子长大也要向别人说谎。"

在曾子看来，对孩子的诚信教育价值远比一头猪重要得多。因此，他必须兑现承诺。即使损失一头猪，也不能让孩子生活在失信的环境中。

对比曾子，我们现代人要脸热愧疚得多。我们为人父母，答应了孩子的事有几人认真地履行了诺言？又有几人想到家长是孩子诚信的老师？

由此看来，"曾子因承诺而为儿子杀猪"的故事流传千古而不衰也就不足为奇了。

（三）让人们重视诚信的价值

华盛顿的父亲有一棵心爱的樱桃树。一天，他有事外出，华盛顿在家不小心，误把这棵樱桃树给砍了。父亲回来见此情形，非常生气，把孩子们叫到面前，追查此事。

面对发怒的父亲，华盛顿勇敢地承认是自己砍了那棵樱桃树。

父亲听了儿子的话，马上转怒为喜，直夸华盛顿是个诚实的好孩子。

华盛顿的父亲无疑是个好父亲。因为他知道，孩子的诚实比他心爱的樱桃树要珍贵得多。因此，他转怒为喜，夸奖孩子的诚实。

与华盛顿的父亲相比，我们这些"老外"也会感到脸红不安。因为在我们一些人看来，心爱的樱桃树被砍，是绝对不可以的，即使不是巴掌伺候，也应该怒加训斥。不能一承认是自己砍的，就大事化小，小事化了啦。

这也许就是我们现代许多人犯了错误而不敢勇于承认，总是遮掩搪塞的根源之一。

当一个人诚实地承认了错误而得不到他人的谅解，反而会招致训斥怒骂时，他就会放弃诚实而选择说谎。久而久之，诚实就远离了他的内心，而说谎就会成为他的必定选择。

四、汲取古代诚信的文化精华

虽然古人也有不讲诚信之人，但"诚信"仍始终是古人们所奉行的行为准则。千百年来，古人奉行的，主要是以下的诚信准则：

（一）忠信为做人的根本

早在两千多年前，孔子老先生就谆谆告诫他的弟子："言忠信，行笃敬，虽蛮貊之邦行矣；言不忠信，行不笃敬，虽州里，行乎哉？"在孔子看来，一个人只有忠诚，讲信义，才能在社会上立足生存，否则，他就难以生存发展。

孔子所倡导的忠信观念是封建道德标准中的一项重要内容。以此为标准，人们以对君主忠诚、对国家忠诚、对百姓忠诚、对朋友忠诚为荣，以背叛君主、背叛国家、背叛百姓、背叛朋友为耻，并不惜用生命来殉"忠信"二字。

隋义宁二年（618年），炀帝困守江都，权臣宇文化及乘乱杀死了炀帝。百官都来朝堂向他表示祝贺，唯独给事郎许善心没有来。他的侄子许弘仁知道这事后，立即快马加鞭跑来对他说："天子已崩，宇文将军摄政，阖朝文武咸集，天道人事自有代终，何预于叔而低回若此！"听了许弘仁的话，许善心大怒，始终不肯前去。

宇文化及派人将许善心抓到朝堂，但不久又将他释放了。许善心被放后，没有按臣子见君主的礼仪告辞。见此情形，宇文化及大为恼火。便又让人把许善心抓回来杀掉了。

此时，许善心的母亲范氏已经92岁了。她抚着儿子的棺木，却不流泪。她说："能死国难，吾有子矣！"于是，绝食十余天而死。

唐武德四年（621年），刘黑闼攻陷了定州，将唐总管李玄通抓获。刘黑闼赏识他的才华，想拜他为大将，但遭到李玄通的严词拒绝。

李玄通被囚禁时，其原下属带着酒肉来探视他。饮酒之间，李玄通对守卫人员说，他想舞剑助兴。守卫人员答应了他的请求，并解下身上佩带的剑，交给了他。

李玄通舞完剑，叹息说："大丈夫受国厚恩，镇抚方面，不能保全所守，亦何面目视息世间哉！"说完，便自杀身亡。

当然，古人的忠君不乏愚忠的成分，对这种愚忠不值得赞赏，但是，对国家忠信，对百姓忠信，对朋友忠信则是值得效法的。明朝初年的道同，就是一位对国家、对百姓忠信的刚正官员。

明朝洪武年间，道同出任广东省番禺县知县。知县虽然为一县之父母官，但还有他管辖之外的权力系统，这就是军队和贵族。

这番禺县以往治安极差，当地的土豪劣绅、地痞流氓为非作歹。老百姓敢怒而不敢言。

道同上任后，不畏强暴，立即制定了整顿治安、打击地方恶势力的措施。他将巧取豪夺的市霸押上街头，戴枷示众。

由于他措施得力，又一身正气，铁面无私，所以没过多久，地方的恶势力的气焰便被打了下去。对此，当地百姓无不拍手称快。

然而，随着永嘉侯朱亮祖被派来镇守广东之后，番禺的恶势力又抬头了。朱亮祖是朱元璋打天下时的开国功臣。他虽然勇猛善战，但粗暴蛮横。他到广东上任之后，便仗着自己与朱元璋的交情，仗着自己功高势大，为所欲为，不把地方官看在眼里。加上生性贪婪，所以没过多久，他就被当地的恶势力收买了，成了恶势力的靠山。

一天，番禺有几个地痞流氓因在市场上横行霸道，被道同抓了起来。其亲信便暗中送钱物给朱亮祖，恳求他疏通放人。

朱亮祖收了钱财，第二天便在府中摆下了"鸿门宴"，"宴请"道同。朱亮祖自忖：以自己的显要身份"宴请"这个七品芝麻官，已经给足了他面子。自己话不用多说，只要轻点一句，他就会乖乖放人。没承想，朱亮祖遇到的是一位执法甚严的清官。在道同看来，只要是没有道理的事，不管来头多大，都要顶住不办。因此，他"不识抬举"，竟厉声问道："朱大人，您作为王公大臣，怎么能是非不分，受小人役使呢？"

朱亮祖见道同不识抬举，恼羞成怒，先是派人砸毁了枷锁，把那几个地痞流氓放了，随后，又寻了个差错，狠狠抽了道同一顿鞭子。

此后，又发生了好几起类似的事。对于朱亮祖的所作所为，道同实在是气不过。于是，他便将朱亮祖的恶劣行径逐条写了下来，上奏朱元璋。

然而，道同哪里知道，朱亮祖已经恶人先告状，早就给皇帝送上了一份密告，诬陷道同在番禺称王称霸，为非作歹，乱用刑罚，要求皇上严惩道同。

朱元璋看到朱亮祖的奏折，信以为真，立刻派人传旨，将道同就地砍头。

传旨的人刚走，道同的奏折也到了。看了道同的奏折，朱元璋明白了内情。他想，道同这么一个小官，却敢冒死顶撞其顶头上司，状告其不法行为，可见这是一个刚正不阿的可用之人。于是，他又急忙派遣使者去赦免道同。可惜，当怀揣赦免道同圣旨的使者到达番禺时，道同已经被砍掉了头颅。

听说道同被处死，番禺的百姓都很悲伤。为了纪念道同，人们用木头刻了道同的雕像，放在神龛中来供奉他。

百姓的心是清楚的，他们知道道同是为他们而死的，因此，他们刻了道同的雕像来纪念他；朱元璋在见到道同的奏折后，也是明白的，他知道道同是为治理国家、管理社会而敢于犯上的，于是，在第二年的九月，朱元璋把朱亮祖召到京城，将他活活用鞭子抽死。

不管是李玄通还是道同，他们都是把"忠信"作为做人的信条，即使失去生命也在所不惜。

（二）做生意必须诚实不欺

我们国人从事商业活动由来已久，据《易·系辞下》云，早在神农氏时代，就有"日中为市，致天下之民，聚天下之货，交易而退，各得其所"的交易活动。只不过是当时还处于以物易物阶段。

在长期的商业活动中，人们将"生财有道，以义为利，方能财源茂盛"视为信条，将"货真价实""童叟无欺"作为经营商业活动的座右铭。因此，不论是大商号还是一般人的小宗买卖，都能本着诚实不欺的原则。明山宾就是一般人的代表。

明山宾是南北朝时的一个贫寒的读书人。他除了父亲留下的一条黄牛，别无他物。

一年春天，正值青黄不接，家里揭不开锅，明山宾只好把牛牵到集市上去卖。

明山宾来到市场上一看，人家的牛又肥又壮，自己的牛因缺草少料，显得又瘦又小。等了半天，连个问价的人都没有。

天已过午，总算有了个买主。那人看这牛的骨架倒可以，又见明山宾要价不高，就把牛牵走了。明山宾也拿着钱往家走去。

他刚走出集市不远，忽然想到：这头牛从前害过蹄疾，费了好大的劲才治好。如今换个新主人，不知正确使役，倘若过累或者牛棚过于潮湿，蹄疾就会复发，到那时，人家岂不等于买回一头废牛？于是，他急忙跑回去找那个买牛的人。

明山宾见到那个买牛的，把情况一五一十地说了，还说了使役、饲养的方法。不料，那个买牛的却要明山宾退一部分钱，并说不然就不买这头牛了。明山宾没有争执，就退给了那个人一部分钱，然后转身走了。这件事传开来，人们都称赞明山宾的诚实品德。

在有些人看来，明山宾肯定有点傻。王婆卖瓜还自卖自夸，他可倒好，卖出去的牛还追着告诉买主牛的缺点，以至于少卖了不少钱。然而，绝大多数人不会这样认为，他们更赞赏的是他的诚实品质。正因为他的诚实品质，明山宾才历经千年而不朽，其诚实的故事为人所流传。

（三）与人交往要言而有信

说话算数、一诺千金是我们中华民族的优良传统。孔子说："民无信不立"；文子说："同言而行信，信在言前；同令而行诚，诚在令后。"魏徵说："言而不行，言无信也；令而不从，令无诚也。不信之言，无诚之令，为上则败德，为下则危身。"（《贞观政要》）

上述这些话虽然表达形式不同，但是内容核心是相同的，就是不论是一国之君，还是平民百姓，说话都要讲信用，说到做到。否则，就是败德之人。因此，言而有信成为了古时人们相互交往的主要道德标准，成为了衡量一个人是君子还是小人的重要标准尺度。

言而有信的人被人称为君子。如季札。季札是春秋时代吴国人。他诚实守信，博学多才，深受人们喜爱。

一次，季札奉命出使列国。当他途经徐国时，受到了徐国国君徐君的热情款待。俩人一见如故，谈得十分投机。

谈话中，季札发现徐君的目光不时投放到自己随身佩带的宝剑上，就解下宝剑，让徐君仔细观看。

季札佩带的宝剑不同寻常，整个剑鞘由金玉镶嵌而成，宝剑上雕刻有栩栩如生的龙凤图案。当季札将宝剑从剑鞘中抽取出来时，只见寒光闪闪。徐君不由得连称"好剑！好剑！真是一把好剑！"

季札见徐君这么喜欢这把宝剑，很想把剑送给徐君作为纪念物。但这把宝剑是自己作为国家使节的信物，出使列国必须佩戴着它，自己出使的任务还没有完成，自然不能把它赠予别人。

徐君虽然深爱这把宝剑，但他知道季札的难处，所以也没有向季札开口。

几天之后，季札离开了徐国。临行前，徐君送给了季札许多自己珍藏的宝物，让他留作纪念。望着难舍难分的徐君，季札在心里说："徐君，等我出使归来，我一定要将这把宝剑送给你。"

数月之后，季札出使归来，又来到了徐国。他一到徐国，就立即去见徐君。但他却得到了一个不幸的消息：徐君在不久前已经离开了人世。

季札痛苦地来到了郊外徐君的墓地。他含泪站在徐君的坟前，用低缓的声音说道："徐君，我来迟了，请您收下这份迟到的礼物吧！"说着，就解下宝剑，将它悬挂在墓前的松树上。并吩咐守墓的人好好守护这把宝剑。

站在季札身边的随从，对季札的行为有些不解："徐君已经不在了，您为什么还要将这把宝剑挂在这儿呢？"

季札对他说："我在心里早已许下诺言，要在回国时将这把宝剑赠予徐君。现在徐君虽然离开了人世，但我必须要信守诺言。"

季札挂剑的事情传开之后，人们无不敬佩他的诚实守信品德。

五、虚心学习国外的诚信品质

以往，我们曾经片面地认为，西方社会道德沦丧、尔虞我诈。事实上，西方世界有其道德沦丧、尔虞我诈的一面，但也有其诚实守信文明的一面。而就广大西方人民来说，其"平均"道德水平，绝不在目前我们初级阶段的社会主义社会的人民之下。因此，在改革开放的今天，我们在进口西方科学技术、物质文明的同时，也需要进口一点良好的精神文明。他山之石，可以攻玉。那么，西方人在为人处世方面是怎样讲诚信的呢？

（一）不因小利而欺骗他人

西方也有骗子，我国在对外贸易中，上当受骗吃赔账的生意也不在少数。但就其大多数西方人来说，在经营活动中，还是很讲信誉规则的。住在芝加哥的一位程女士曾讲述了她亲身经历的一件事：

有一次，程女士按照报纸广告找到一个美国人家里去买二手车，车主夫妇不但介绍了车子的性能，也如实说明了车子的小毛病。

正商谈间，突然从屋里一连串跑出三个小孩，最前面一个也大约不过十岁，他急切地问他妈妈："你们把车子的毛病告诉人家了没有？"听到他妈妈肯定的回答以后，他们才一溜烟地跑回去。

都说"王婆卖瓜，自卖自夸"。但这位卖车的美国人却不是"王婆"这样的人。他们诚实地把自己车子的毛病告诉购买者，不为小利而欺骗购买者。更难能可贵的是车主夫妇的孩子，年纪虽小，但在诚信的问题上却表现出我们许多大人所不具备的品质。可以想见，这家美国人有着良好的诚信教育环境。

（二）遵守诚信从小事做起

西方人守时是有传统的。请看德国著名哲学家康德的故事：1779年，康德准备到一个名叫珀芬的小镇，去拜访朋友彼特斯。他曾写信给彼特斯，说3月2日上午11点前到彼特斯家。

3月1日，康德到达了珀芬小镇。彼特斯家住在离小镇12英里远的一个农场里。第二天一早,康德便租了辆马车前往彼特斯家。在小镇和农场间有一条河。当马车来到河边时,车夫却发现桥坏了,马车无法通过。

康德看了看桥,发现中间已经断裂。河虽然不宽,但很深。他焦虑地问车夫:"附近还有别的桥能走吗?"

"有。在上游6英里远的地方。"车夫回答说。

康德看了一眼表,已经10点钟了。他问车夫:"如果走那座桥,我们什么时间能够到达农场?"

"我想要12点钟。"

"可如果我们从这座桥上通过,最快什么时间能到?"

"用不了40分钟。"

"好!"康德跑到河边的一座农舍里,向主人打听说:"请问你的那间小屋要多少钱才肯出售?"

"给200马克吧!"

康德付了钱,然后说:"如果您能马上从小屋上拆下几根长木板,20分钟内把桥修好,我将把小屋赠送给您。"

农夫把两个儿子叫了来,按时完成了任务。

马车快速地过了桥,10点50分赶到了农场。在门口迎候的彼特斯高兴地说:"亲爱的朋友,您真准时。"

遵守时间约定,表面上看是小事一桩,而实际上,表明的却是一个人诚信的品质。

(三)自觉自愿地遵守诚信

西方人遵守诚信道德,除上述表现外,更重要的还在于他们能自觉自愿地遵守诚信。

比如在英国，上火车没有人检票，只要到窗口买好票就行，站台绝对开放，但却没有人逃票。在英国某大学实验室，领取黄金等贵重物品做实验，只根据自己的实际需要领取，没有专人监督、管理。

在瑞士，人们也都是自觉地遵守诚信。瑞士的管理水平在全世界是闻名的。在瑞士，规章制度很多，比如，晚上 10 点以后不能大声喧哗；星期天不能开割草机；垃圾要分门别类按规定的时间放在规定的地点。对于这些制度，每一个瑞士人都能自觉自愿地遵守。

不仅如此，对于那些不守制度的外国人，瑞士人还会自觉地担负起"居委会老大妈"的职责，客气地劝告制止他们。

第十一章

谁来拯救诚信危机

2007年,《小康》杂志曾会同有关专家及机构对个人、企业和政府的信用情况进行过问卷调查。调查的题目是:"在目前的社会环境下,请问您对他人、企业和政府总体信任程度如何?"

调查结果显示:42.12%表示不太信任;31.18%的人回答非常不信任;仅有21.72%的人说信任。

看来,我们国家的社会诚信状况不容乐观,诚信的危机也已经出现。

谁来拯救诚信的危机?《国际歌》唱道:"从来就没有什么救世主,也不靠神仙皇帝,要创造人类的幸福,全靠我们自己。"拯救诚信的危机,也全靠我们自己。

诚信 决定存亡

第十章

旅游项目投资决策

一、政府诚信是最大的诚信

政府诚信是社会诚信的基础和源头,是社会诚信体系建设的关键。政府诚信是最大的诚信。那么,现在政府的诚信如何呢?

(一)地方政府的诚信度不高

《小康》杂志会同有关专家及机构对"政府信任程度"的调查显示,绝大多数受访者表示很相信中央政府,但调查同时显示,70%多的人表示不信任地方政府。[1]

由此可见,地方政府的诚信度不是很高。地方政府的诚信度为什么不高?原因是多方面的。既有财政体制原因,也有文化传统原因,还有管理制度的原因。正是这些原因导致了一些政府部门和地方政府屡屡出现失信行为:政出多门、朝令夕改比比皆是;地方保护、贪污腐败司空见惯;承诺不兑现、出尔反尔也是习以为常。

比如,中央电视台"焦点访谈"栏目就曾经曝光了这样一件事:

某市打算上马一项天然气工程。上马这项工程需要大量的资金投入。该地政府苦于无资金来源,于是出台了优惠政策来吸引投资者:谁能在15天之内引入资金500万元,就可作为投资主体获得法人资格。

一位民营企业家知道此事后,很有投资兴趣。他将正在投资的某项目停下来,以最快的速度如数注入了资金。谁知该地政府拿到资金后,却突然将他晾到了一边,又重新招商,与另一家公司签订了新的合作协议。

---

1. 唐楷:《及格线上的中国信用》,《小康》,2007年第8期。

政府部门所发生的失信行为虽然并非多数，但政府的特殊位置使得这种行为对社会信用建设产生了巨大的影响。因此，建设诚信社会，政府部门必须率先示范，起模范带头作用。

（二）政府官员要起表率作用

2007年，《小康》杂志曾经做过"信用最差的5个职业群体"的网上调查。

结果，诚信最差的5个职业群体分别是：政府官员、房地产开发商、房地产中介服务人员、保险从业人员和国企领导。[1]

政府官员的诚信危机严重地影响到政府的政务信用。因此，政府要做到诚信，必须从政府官员做起。承诺就要兑现，办事要讲公正和原则。

（三）完善有效的监督机制

政府讲诚信，离不开完善有效的监督机制。拯救诚信危机，教育是基础，法制是保证，监督是关键。

对政府诚信的监督，一般说来，至少应该来自于以下两个方面：

一是群众的监督。对政府诚信的监督，其形式可以多种多样，其手段可以千变万化，但有一条最根本，就是永远离不开群众的监督。群众是监督力量的源泉。

广大人民群众生活在社会的各个层面、各个地方，他们的眼睛是雪亮的，他们的耳朵是灵敏的，他们的信息是广泛的。他们对政府是否诚信，最有发言权。因此，应该通过民主渠道，让人民群众对政府的工作进行评议。

---

1. 唐楷：《及格线上的中国信用》，《小康》，2007年第8期。

二是媒体的监督。媒体是民意表达的主要渠道，也是政府与公众沟通的桥梁。一般而言，媒体比政府更能广泛地接触现实，接触群众。因此，政府和党的领导干部应该以宽阔的胸襟，坦然地接受媒体的监督。

媒体和群众的监督是社会进步、社会文明的具体体现，媒体和群众是政府践行诚信的有效监督者。

在一些信用制度健全的国家和地区，官员的信用问题是置于严密的监督之下的。新加坡和香港，对公务员个人信用的规定竟细化到了个人宴请。

在新加坡，公务员个人宴请如果超过了月薪的2%，就要接受反贪局的调查。

在香港，为了防止公务员公务宴请弄虚作假，其报账的表格，也是非常细，细到在何处请客，宴请何人，多少人，吃的什么菜，喝的什么酒水，各自的价格如何等，都要据实逐一填报。

不仅如此，廉政公署还会不定期地进行抽查核实，询问被宴请者，到饭店去查其底单。如果发现有一样跟事实有出入，就要处以高额罚款。不仅如此，还会在不良记录上书写一笔。如果有人因此被记录在册，他的政治生命就基本上完结了。

在美国，对政府官员的信用监督也是非常严格，甚至授权联邦调查局动用刑侦手段。

二、企业诚信是经济发展的基石

企业是市场经济的主体。在市场经济条件下，企业诚信是经济发展的基石。然而，在目前市场经济发展的过程中，我们却遗憾地看到，有些企业，几乎是没有诚信可言。弄虚作假，假冒伪劣，违约毁约，偷税漏税，已经成了一些企业的家常便饭。

据有关方面提供的数据显示，我国企业每年因信用缺失导致的直接和间接经济损失高达6000亿元。中国企业联合会理事长张彦宁透露，我国每年因为逃废债务造成的直接损失约1800亿元，由于合同欺诈造成的直接损失约55亿元，产品质量低劣和制假售假造成的各种损失至少有2000亿元，由于"三角债"和现款交易增加的财务费用约有2000亿元。

中国企业家调查系统最近公布了对全国4000多位企业董事长、总经理、CEO、厂长等企业管理者进行的有关企业信用状况的调查。该调查显示：有6成多企业家认为在企业商务活动中跟老总打交道要小心提防。

统计数字和调查结果显示，我国的企业信用问题已经相当严重。因此，必须改善企业信用的状态。如何改善呢？要改善企业信用状态必须从以下五个方面入手：

（一）建立健全企业诚信的宣传教育体系

宣传教育虽然不是万能的，但是，没有宣传教育也是万万不能的。因为观念决定行为。

企业应该通过建立健全企业诚信的宣传教育体系，形成一种长效机制，来强化企业干部员工的诚信意识，培养企业干部员工的诚信习惯。

（二）建立健全企业诚信管理制度机制

改善企业诚信状态，不仅要进行宣传教育，还要靠建立健全企业诚信管理制度机制来实现。通过建立健全企业诚信管理制度，让企业真正成为能够对自己的生产经营高度负责的完全行为主体。

加强企业的诚信管理，不仅可以增强企业自身的保护意识，也能提高自身的信誉。

（三）建立健全企业诚信的评价体系

改善企业诚信状态，还迫切需要建立健全企业诚信评价体系。

建立健全企业诚信评价体系，首先应该成立一个专门的评价机构，然后确立一个科学的诚信评价标准，来对企业的守信程度、企业的信用能力进行评价和评估。

（四）建立健全企业诚信的信息查询服务体系

建立企业诚信的信息查询服务体系，首先要建立企业诚信的档案，将企业的诚信情况记录在册，并及时公布这些信息。让人们能方便地查询到企业的诚信情况和失信的记录。

美国的"登百事"公司，就是专门搞企业资信调查的。他们的做法对企业很有帮助。

在"登百事"公司，企业随时可以查阅客户的资信情况，包括这家客户最近签订了哪些合同，最近得到了一笔什么贷款，过去信用怎么样等，都能查到。

（五）建立健全企业诚信的法律支持体系

不论企业信用管理体系的运行，还是企业诚信的信息查询服务体系的建立，都需要有法律的支持。因此，建立健全企业诚信的法律支持体系，就尤为必要。

通过建立健全企业诚信的法律支持体系，让守信用的企业不吃亏，让不守信用的企业占不了便宜，并且受到法律的惩处。

三、个人诚信是和谐社会的关键

和谐的社会是一个诚信的社会，而诚信的社会则需要其所属成员都能够践行诚信。

然而，在现阶段，我国的个人诚信现状也是非常令人担忧的。坑蒙拐骗、弄虚作假、出尔反尔等亵渎诚信的行为可以说是俯拾皆是。这不仅严重地影响了整个社会的诚信建设，也影响到社会主义和谐社会的构建。因此，加强诚信社会的建设，必须重视社会每一个成员的诚信。

（一）加强诚信道德教育

社会存在诚信的危机，道德教育应该承担起重要的责任。通过诚信道德教育，让我们的社会成员都能养成自觉践行诚信的习惯，都能防微杜渐，都能不断反省自身。请看美国著名科学家富兰克林是怎样做的：

富兰克林年轻时，很注意自身的道德修养。他把"节制、恬然、守秩序、果断、俭约、勤勉、真诚、公平、稳健、整洁、宁静、坚贞、谦逊"等13种道德标准，记在笔记本上，并画出表格。

每天晚上，他都对照着这13种标准，来检查自己日间的言行，违背的就在相关的格中涂上黑点。结果，黑点越涂越少，他的道德修养也随着黑点的减少而不断完善。

（二）建立健全个人信用制度

所谓个人信用制度，主要是指个人信用活动方式、组织、管理以及与之相配套的个人信用活动社会秩序和运作机制。

信用制度的基本内容主要包括个人信用登记制度、个人信用评估制度、个人信用风险预警、个人信用风险管理以及个人信用风险转嫁制度等。

建立健全个人信用制度的目的，就是要使每一个社会成员都能在个人信用制度的规范下，自觉地遵守诚信规则。

在欧美等发达国家，个人信用制度的建立已经有160多年的历史。而且已经较为完善。如在美国，人是可以自由流动的，但每个人都有一个必须终生相伴的安全保障号码。这个号码无法伪造。

通过这个号码，每个人都有着一份由资信公司做出的资信记录。银行、公司或业务对象只要付30美元，就可以随时查询个人的资信情况。

开闸　　　　　　　　　　　　　　　　新华社发　程硕　作

如果有人因为失信而被资信公司备下案底，那他的麻烦就大了。

个人信用制度的完善，使得个人信用消费已占全社会消费总量的10%以上。纯粹的现金交易方式已越来越少。

个人信用制度的完善，使得交易活动的时空得到了有效地拓展。

改革开放以来，我国也充分认识到了个人信用制度的重要性。因此，许多地方开始建立个人信用制度。如上海资信公司，就是我国首家开展个人信用联合征信的专业资信机构。该公司面向上海市民的个人信用联合征信体系自2000年6月开通以来，已经有120万市民拥有了自己的"经济身份证"。

个人"经济身份证"的建立，使得上海市的个人信用消费迅猛发展，其个人消费贷款的发放量，在1995年仅为1.5万人次，而到了1999年则猛增为68万人次，现在就更高。贷款余额也由5.7亿元猛增至547亿元。

四、诚信的实现靠的是行动

古时候，在四川的边境地带，有两个和尚，其中一个贫穷，一个富裕。

一天，贫和尚对富和尚说："我想到南海去，你看怎么样？"富和尚说："您依靠什么去？"穷和尚说："我只靠一个水瓶，一个饭钵就足够了。"富和尚说："我几年来就想买船南下，直到现在还没能去成呢。您依靠一个水瓶、一个饭钵就能去？"

过了第二年，穷和尚从南海回来了，把他去南海的事告诉了富和尚。富和尚很惭愧。

四川距离南海，有几千里路之遥，富和尚不能去，但穷和尚却到了。

看来，问题不在能不能去，而在是否真正想去。诚信也是如此。问题不在能不能做,而在是否真正想做。

诚信不应停留在口头上,而要落实到具体行动中。正如捷克著名的教育家夸美纽斯在《大教学论》中所言:"德行的实现是由行为,不是由文字。"如何行动?

(一)从今日做起

从政府做起,强调的是政府讲诚信的组织责任;从企业做起,强调的是企业讲诚信的社会责任;从个人做起,强调的是遵守诚信道德的个人责任。

从现在做起,强调的是对遵守诚信道德要有紧迫感。从现在做起,就是从今天做起,想到就做到,说做就做,做就做好,为提高诚信道德水平而不断努力。

建设现代化文明是一个长期的过程,由一个又一个阶段组成,每个阶段都有相应的任务,必须一个个地来加以实现。同样,我们每个人在社会上随时都会遇到各种各样的诚信道德问题,需要马上予以回答,可以说,我们时时处处都有可能接受诚信道德的考验,如果光有一个要提高诚信道德的愿望,没有从现在做起的行动,一切就会落空。

从现在做起,就是要求我们积极树立时不待我的紧迫感,不等待,不观望,脚踏实地从今日做起,从眼前做起。正如毛泽东同志所提出的"多少事,从来急;天地转,光阴迫。一万年太久,只争朝夕"。

只有从现在做起,把握住今天,才能把握住明天。《今日诗》讲得好:"今日复今日,今日何其多!今日又不为,此事何时了!人生百年几今日,今日不为真可惜!若言姑待明朝至,明朝又有明朝事。为君聊赋今日诗,努力请从今日始。"

在诚信道德修养中从现在做起。主要是结合社会工作和社会生活实际，学习知晓诚信道德知识，掌握诚信道德原则，规范各种具体要求，并付诸实践，见于行动。

（二）从点滴做起

从点滴做起，就是在诚信道德的实践中，从大处着眼，从小处着手，一点一滴，日积月累，不断提高诚信道德修养水平的境界。

诚信道德修养必须从一点一滴做起，这是由诚信道德品质的形成以及高尚道德的实现必须有一个长期的过程所决定的。诚信道德的全面弘扬，不可能一蹴而就。

提高诚信道德修养水平，必须从大处着眼，从小处入手。所谓大处，就是我们诚信道德修养的目标，是要实现良好的社会、经济秩序；所谓小处，就是从不说谎话等方面做起，从遵守诚信行为规范做起，从最基本最起码的小事做起，通过反复实践，不断努力，为重铸现代诚信社会做出自己应有的贡献。

"勿以恶小而为之，勿以善小而不为"；"不积跬步，无以至千里，不积小流，无以成江海"。这些名言包含着深刻的道理。从大处着眼，从小处着手，防微杜渐，积小善而成大德，这是我们在实践中进行诚信道德修养，逐步增强自己社会诚信道德水平的有效方法。

（三）从自我做起

从自我做起，就是不管是政府、企业，还是个人，都必须在自己的行为中践行诚信。董劲聪先生在他所撰写的《补鞋女》中，曾经讲述了亲身经历的一个故事：

第十一章 谁来拯救诚信危机

2001年夏季的一天,我在商场买了一双挺高档的皮鞋,质量很好,款式也不错,就是鞋跟矮些(我个子矮,喜欢穿鞋跟略高的鞋)。回家之前,我拿着它到手工市场,想找个师傅替我在鞋跟底多加一块硬胶,并且沿鞋边上一层暗线。

我拎着皮鞋刚到那里,一整排的修鞋师傅都满脸笑容地向我招手:"到我这里来""我的手工好""我收费便宜"……

我却走向一个没吭一声、手也正闲着的女子。直觉告诉我,她可信,而且有过硬的手艺。

她开始工作后,我们聊了起来:"你的手艺真不错呢!"

"还可以,就是不懂招揽生意,钱赚得比别人少。"

"慢慢学吧。"

"已经干不下去,我明天就回家,车票也买好了。"

"别急着走,下回我还想找你呢。其实只要你手艺好,支撑下去生意总会好起来的。"

说到这里,手机响了,我要赶着办点急事:"这活你慢慢干,我七点过来取鞋。"

"你一定要过来,明天可找不到我的。"她再三叮嘱。

事情办得出乎意料的顺利,我在六点就赶到手工市场,但已看不到她,连她的工具都一起失踪了。

"她走了""你的新皮鞋没啦"……其他的修鞋师傅幸灾乐祸起来。

想不到向来眼光独到的我竟然也有看错人的一天,失去了皮鞋事小,怀疑起自己的洞察力事大。

之后好长的一段时间,我也没有再到那个市场,直到今年初春才偶然经过。

"先生，先生……"一个女子向我追来，且大声喊着。

"叫我吗？"我停了脚步回过头来。

"你还认得我吗？"她气喘吁吁地说，"过来拿回你的皮鞋吧，都放了大半年了。"

我这才想起了那件事情。

"你没回去吗？"我问。

"我走得了吗？"她说，"你又没来取皮鞋。"

"可我来过呀？"我愕然。

说着，我们已经走到了她的摊位前。

"那天我回去收拾好东西，吃了饭，六点半就开始站在这里等，一直等到半夜也没见你过来……"她说得有点激动。

"你就因为这留了下来？"取过皮鞋，倒是我有些歉意。

"真够麻烦的，我每天都把它带出来，要用心记住你的外貌，连梦里都见过你好几回了。"

我们一边说着，一边已有几个客人在等。我有点惊奇："看来你的生意很不错。"

她笑了，是自信的笑："只是照你说的坚持着，后来，许多客人都发现了我有精细的手艺。连他们也无法排挤我了。"她瞥了旁边一眼。

穿上这双久别的皮鞋，我觉得格外轻松，似乎寻回了某种感觉……

作者似乎寻回了哪种感觉呢？他寻回的是一种讲诚信的感觉。

这位补鞋女长得也许不很漂亮，但她有着一颗诚实美好的心灵；这位补鞋女也许没有什么文化，但她懂得做人应该诚实守信的道理。因此，在没有人监督要求的情况下，她自觉自愿地坚守诚信。

为了诚信，她站到了半夜；为了诚信，她放弃了回家；为了诚信，她每天带着顾客的鞋上班下班。虽然她因为诚信而给自己带来了许多麻烦，给自己带来了许多负担，但诚信也给她带来了盈门的客户。

看来，只要我们真正想讲诚信，诚信并不难做到。诚信就在一句话中，诚信就在一件事里，诚信就在我们自身的行动里。刘真茂就是一个用自身行动践行诚信的人。

刘真茂是湖南省宜章县长策乡人，他在狮子口大山义务护林34年。

这34年，他忍人之所不能忍，行人之所不能行，舍人之所不能舍，守护着大山，杜绝了滥砍滥伐和森林火灾，保护了大山原始珍稀动植物资源。

叙述结果是容易的，但结果实现的过程却处处充满着艰辛，时时显示着不易。

狮子口大山海拔1913.8米，拥有35万亩原始森林，7万亩草山，山中珍稀动植物资源十分丰富。

在刘真茂上山之前，狮子口大山乱砍滥伐现象严重。刘真茂看在眼里，痛在心里。1983年身为长策乡武装部长的他主动请缨，成立民兵护林队，在山坳上搭起茅棚守护山林。

后来，护林队员们受不了艰苦，一个个下了山。但军人出身的共产党员刘真茂却咬紧牙关没有下山。他拿出自己全部积蓄36000元，在海拔1695米的山上重新建起瞭望所。一个人坚守在远离家人、条件艰苦的高山上。

为了看护山林，刘真茂每天至少要走30公里山路。有人粗略的估算，34年，相当于绕地球走了10个圈。

为了看护山林，小儿子结婚办喜事，他没有回家；老岳父去世，他只请人守了两天哨所。

为了保护山林,他从不讲情面。一次,有人举报一个村民偷砍了几十棵小松树放在家中后院,他马上带人上门调查。还没等他踏进门槛,对方就挥舞着柴刀冲出来说要跟他拼命。刘真茂毫不畏惧地把对方制服了,并按规定罚了款。

上山以来,他只在家吃过两餐年夜饭。为节省巡山时间,他养成一天只吃两顿饭的习惯,甚至只带两个红薯充饥。

刘真茂担任护林员以来,先后处理了80多起滥砍滥伐事件,有效地保护了山林,并保护了山中的水鹿、娃娃鱼、果子狸、穿山甲等国家保护动物。

刘真茂说:"护林应该是共产党员的责任,是革命战士的责任。责任就是指分内的事。护林是共产党员分内的事。有人说条件这么苦,你还守着这破山做什么,这不等于问我'你做分内的事情做什么'吗?"

刘真茂的大儿子刘志华现在是乡武装部的副部长。他曾经埋怨过父亲:"爸爸,我对您有看法。您守山是对的,但是对妈妈照顾不周到,也忽略了我和弟弟。弟弟结婚,你都没去。我们是有些想不通。"

"现在呢,慢慢也习惯了。就是为您担心啊。您年纪这么大了,一个人在山上病了怎么办?被铁夹子夹住了怎么办?被坏人害了怎么办?有的地方,连手机信号也没有,求救都来不及。想起来真害怕。"

刘真茂笑着对儿子说:"儿子,别讲得那么恐怖好不好?我这不是一直好好的嘛!对于你们,我是愧疚的,没有尽到一个父亲、一个丈夫的责任,让你们受了很多苦,没有把这个家搞好。"[1]

1.《新时代的"活雷锋"共产党员刘真茂30年守护山林的故事》,《光明日报》,2012年2月23日。

新华社"诚信万里行"栏目开篇采访的就是大山卫士刘真茂。2018年6月22日，新华社湖南分社记者一行5人结束了对全国道德模范、大山卫士刘真茂3天的采访，他们感叹"保持本色不褪色、条件艰苦很感人"。

"从今天做起，从点滴做起，从自我做起"，这是普通而平凡的话，也是深刻而重要的话。我们任何人都应该努力去实践它，事事严于律己，处处以身作则，遵守诚信道德，提高文明素质，共同来营造美好诚信的家园，建设美好诚信的明天，铸造美好诚信的社会。

第十二章

讲诚信要趋利避害

讲诚信,是有原则要求的。最重要的原则就是趋利避害。如果讲诚信之后,对别人有害,对多数人有害,对国家、民族、人民有害,那我们就不能讲"诚信"了。相反,"弄虚作假"才是最大的"诚",才是最大的"信"。

一、有时也不能讲"诚信"

诚信是至高无上的美德,这是谁都不能否认的事实。但这并非是说任何时候、在任何情况下都必须讲"诚信"。在有的时候,有的情况下也是不能完全讲"诚信"的。

(一)事涉机密

遇到涉及机密的事,就不能讲"诚信",讲"诚信",就要受到伤害。

假如你是一家大型企业的技术总监,你掌握着这家企业的核心技术。

一天,一位两小无猜的朋友找到了你,希望你能将核心技术告诉她。而且她还对你说,我们从小就有约定,心中不要保留任何秘密。你应该遵守这个约定。

这时候,你就不能讲"诚信"。如果此时你讲"诚信",你就泄露了企业甚至是国家的机密,你就要负法律责任。《中华人民共和国保守国家秘密法》第三十一条规定:"故意或者过失泄露国家秘密,情节严重的,依照刑法第一百八十六条的规定追究刑事责任……"

有盗贼闯进你的家门,问你家是否有钱,钱放在何处。你即使有钱,你也不会告诉他,更不会告诉他钱放在哪儿了。你会拿出少量的钱来,对他说:"我就剩这点钱了,你要不嫌少就拿去吧!"这时候,你是不能诚实的,你诚实了,你的利益就受到损害了。

《解放军报》2001年11月12日第8版曾经报道过这样一件事:

2001年元月,深圳某外企公司要招聘一名文秘职员担任中方总经理的秘书。

刚从武警合肥指挥学校勤务中队退伍的战士汪劲林报名应试。经过层层筛选，他与另外 11 人进入最后的角逐。

考卷上有这样一道试题："请你写出原单位最秘密的东西和对本公司最有价值的材料。"

身为退伍战士的汪劲林懂得保守军事秘密的重要性。于是，他断然在试卷上写道："我非常愿意为贵公司效力，可我是一名退伍军人，保守秘密是我的责任。这份工作对我固然重要，但是为了部队的利益我只能交白卷！"

中方经理面对这份"白卷"，露出惊喜的笑容："这小伙子忠诚可靠，公司要的就是这样的人！"

（二）两军对垒

两军对垒时，对敌方也是不能讲诚信的。谁讲"诚信"，谁就会因此而面临失败的选择。春秋时期的泓水之战宋国的惨败，就源于宋襄公的"诚实"。

公元前 638 年（周襄王十四年）宋国与楚国为争夺中原霸权，在泓水（古河流名，故道约在今河南省柘城县西北）发生了一场战争。战争以宋国的失败而告终。宋国为什么失败？主要原因就是宋襄公太诚实。战争的经过是这样的：

公元前 638 年十一月初一，楚国的军队抵达泓水南岸的时候，宋国的军队已经占据了有利的位置，在泓水北岸列阵等待着敌人。

当楚国的军队开始渡河时，右司马公孙固向宋襄公建议："敌众我寡，我们可以在他们渡河渡到一半的时候进行攻击。"

宋襄公不同意公孙固的建议。宋襄公说，仁义之师"不推人于险，不迫人于阨"。

楚国的军队渡河后开始列阵的时候，公孙固又请求宋襄公乘楚军列阵混乱、立足未稳之际发起进攻，而宋襄公依然不允许。宋襄公说，仁义之师"不鼓不成列"，就是不攻击没有摆好架势的敌人。

一直等到楚国的军队列阵完毕后，宋襄公才下令发起进攻。结果，宋国的军队以失败而告终。宋襄公也负伤而逃，不久抑郁而亡。

据说，毛泽东读史读到泓水之战时，忍不住破口大骂宋襄公"蠢猪式的仁义道德"。

事实上，从某种意义上来说，一部人类军事胜利史，就是一部"欺诈"的历史。谁的"骗术"高超，谁就是胜利者。军事史上的典型案例可以作证。

公元前12世纪，希腊联军渡海远征小亚细亚半岛上的特洛伊城。战争打了近十年之久，但特洛伊城依然固若金汤，久攻不下。

这时，有个叫奥德塞的希腊军人想出了个计策：他让人制作了一个巨大的木马，然后率领50名士兵藏在木马的空腹中。而命令其余的士兵佯装撤退，乘船躲到海湾里。

部队在撤退前，焚烧了军账和杂物，只留下木马和一位叫西农的年轻人。

守城的特洛伊人见希腊联军已经撤退，非常高兴，他们欢天喜地地涌出城来，寻找战利品。他们看见了造型栩栩如生的木马。

特洛伊人一边欣赏着木马，一边议论着怎样处置它。有人说，我们坚守城池十年之久，终于胜利了，我们应该把它拉进城里，放在城头上，作为胜利纪念品收藏。有人说，这还不知是何妖物，干脆把它推进大海或烧掉算了。

这时，躲藏在木马下的西农钻了出来，他对特洛伊人说，这木马是希腊人献给雅典娜女神的礼品,如果你们把它拖入城中保护起来,你们就会取代希腊人而得到雅典娜女神的保护。特洛伊人对西农的话信以为真,就把木马拖进了城中。

夜幕降临,自以为胜利了的特洛伊人摆下了盛大的酒宴,来欢庆胜利。他们开怀畅饮,直到喝得酩酊大醉。

半夜时分,藏在木马中的希腊士兵悄悄地从马腹中爬了出来。他们来到城头,向藏在海湾里的队伍发出了信号。

希腊联军迅速赶来,向特洛伊城发动了突然袭击。在里应外合攻击下,特洛伊城终于失守了。

就这样,持续十年之久的特洛伊战争,以奥德塞的木马欺骗成功而宣告结束。希腊人因欺骗而胜利了。

世人对这次欺骗予以了高度的评价,并作为成功的军事案例写进各种书籍。

外国如此,中国也是这样。不管是诸葛亮的空城计,还是孙膑的减灶法,以至廉范的交炬燃火、窦建德的诈降计谋,无一不是以欺诈取胜的范例。

诸葛亮的空城计与孙膑的减灶法人们所知甚详,这里就不再赘言,我们仅说廉范的交炬燃火和窦建德的诈降计谋,看看他们是怎样用欺诈取胜的。

公元73年,北匈奴大举入侵东汉的云中郡,云中郡太守廉范率兵抵抗。

廉范手下的官吏对他说:"我们云中兵力不足,应该派人送信向其他郡求援"。

廉范不同意。他认为,敌人已经兵临城下,救援的部队已经难解燃眉之急,他决定以计策取胜。

夜幕降临，廉范命令郡中的士兵交叉捆绑两支火炬，在火炬的三头燃火，另一头拿在手中，星散排列在军营中。

匈奴军队见这阵势，以为是汉朝的援军到了，很是惊慌，便决定天一亮就退军。

廉范了解到这一情况后，下令军队早早用餐，在凌晨时，向匈奴军队发起了进攻，杀死了数百名匈奴士兵，敌人还自相践踏而死了千余名。从此以后，匈奴再也不敢进犯云中了。

廉范自知守军人少，要以实相抵，自然不是匈奴的对手。于是，他运用了虚张声势的谋略，趁着夜色，交叉火炬，造成兵力强大的假象，使敌人不敢轻举妄动。待到敌人中计，将要撤退之时，他又率兵主动反击进攻，以巩固虚张声势的结果，使敌人真的觉得汉军势力的强大。可以说，守是虚，攻是虚，虚且不露怯，妙在居然以虚胜实。

隋朝末年，由于朝廷腐败，以致民怨沸腾，终于爆发了声势浩大的农民起义。高士达和窦建德的起义队伍就是其中著名的一支。

公元616年，朝廷派涿郡通守郭绚率领一万多士兵前来镇压高士达和窦建德的起义队伍。窦建德获得情报，心生一计：他先是把七千精兵强将隐藏进深山，随后，派遣一名使者到郭绚的军营中，去对郭绚说："高士达嫉贤妒能，处处找窦建德的麻烦，窦建德受不了他的窝囊气，想投奔大人。"郭绚因不明底细，没有表态。

窦建德见使者此行没有达到目的，便又暗地里让高士达绑了个女俘，对外宣称是窦建德的妻子，并且当众将她斩首。

随后，窦建德再派使者送信，信中写道：郭大人，高士达将我的爱妻斩首，我不报此仇誓不为人。如果郭大人能收降我，我愿当先锋痛击高士达，将他的狗头取下，献给大人。

郭绚看了窦建德的信，信以为真。收降了窦建德和他的军队。窦建德和他的队伍在"成为"了隋军后不久的一天夜晚，突然向隋军发动了进攻。毫无准备的隋军被窦建德和他的队伍打得一败涂地，郭绚也成了刀下鬼。窦建德因欺骗而成功。

由此可见，诚信应当是有条件的，不是放之四海而皆能用。如果我们不顾客观条件，任何时候、任何情况下都讲"诚信"，就有可能因此而犯错误，甚至犯罪。

二、讲诚信要坚持"五个有利于"

讲诚信，要坚持的原则是趋利避害。具体说来，就是要坚持"五个有利"，即对人民有利，对民族有利，对国家有利，对党有利，对社会有利。

（一）有时真相不能说

当一个已经受到伤害的人知道真相比不知道真相更痛苦时，我们就不应该诚实地告诉他真相。

比如，你的一位朋友去医院查体时，被发现患了不治之症。考虑到心理对治疗的影响，你就不应该诚实地告诉他真相。而且不单是你，绝大多数人都会选择"欺骗"，当然这"欺骗"是善意的。因为这种"欺骗"有益于病人的治疗。美国著名作家欧·亨利曾写有《最后一片叶子》的短篇小说，小说中讲了这样一个故事：

在某医院的病房里，躺着一位身患重症的病人。病房的窗外，有一棵树。此时，正是秋季，秋风萧瑟。树叶被秋风一刮，一片片纷纷落下。

病人望着萧萧落叶，心情越来越不好，身体也是日渐衰弱。她悲哀地想：当树叶全都落完后，我也就要死了。

一位画家得知这一情况后，非常同情她的遭遇。便想了一个办法，用画的树叶去装饰树枝。病人看到树叶不见减少，心情慢慢好了起来。最后，画家用伪装的树叶使那位濒临死亡的病人坚强地活了下来。

这虽然是小说，但还是有生活基础的。在现实生活中，有着许多类似的情形。

（二）有时要守口如瓶

当你的信息属于保密范畴时，你就不能将你所知道的东西像竹筒倒豆子一样悉数倒出。比如商业机密、军事秘密等。对于需要保守秘密的事情，一定要守口如瓶，即使是你的知心朋友，即使是你的亲人，你都不能诚实地告诉他全部的真相。在这方面，许多领袖人物给我们做出了很好的榜样。

在一次记者招待会上，有位西方记者居心叵测地问周恩来总理："你们的中国人民银行里有多少资金？"

这个问题事关国家机密，当然不能直言相告；而拒绝回答，又很失礼。在场的人都很替总理着急。不料，周总理竟幽默地回答说："中国人民银行的货币资金嘛，有18元8角8分。"

这一回答，使在场的中外记者们都大吃一惊，一时竟如堕入五里云雾中。

周总理略停顿了片刻，解释说："中国人民银行发行面额为10元、5元、2元、1元、5角、2角、1角、5分、2分、1分共10种主辅币人民币，合计为18元8角8分。"

这巧妙而机智的回答，博得了雷鸣般的掌声。人们不仅欣赏周总理那雄辩的口才，更敬佩他时刻不忘保守国家机密的作风。又比如：

1972年5月27日，美苏签订了关于限制战略武器的协定。随后，基辛格在一家饭店向随行的记者团介绍情况。当他说到"苏联生产导弹的速度每年大约250枚"时，有一名记者插话问："我们的情况呢？我们有多少潜艇导弹配置了分导式多弹头？有多少'民兵'导弹配置了多导式多弹头？"

基辛格听了这话，回答说："我不确切知道正在配置分导式多弹头的'民兵'导弹有多少。至于潜艇，我的苦处是数目我是知道的，但我不知道是不是保密的。"

"不是保密的。"那位记者说。

基辛格笑了，反问道："不保密吗？那你说是多少呢？"

基辛格的伶牙俐齿世人皆知，记者想从他那儿套到秘密的信息是不可能的，稍不注意，还会让基辛格给套进去。这位记者就尝到了他的厉害。他没有直言拒绝记者的提问，而是先陈述理由，接着一个反问，把记者引进了圈套。待记者明白过来，已悔之晚矣！再看：

1945年，美国在日本投下了两颗原子弹后，美国新闻界谈论的突出的话题是猜测苏联有没有原子弹，以及有多少原子弹。因此，当苏联外长莫洛托夫率一代表团访问美国时，在下榻的宾馆前，便被记者们团团围住了。有记者问莫洛托夫："苏联有多少原子弹？"

"足够！"莫洛托夫绷着脸仅用了一个英语单词回答。

莫洛托夫的回答可谓一箭双雕：既回避了有多少颗原子弹这个当时不便公开的秘密，又表示苏联人民的自尊和力量。

三、具体问题具体分析具体对待

具体问题具体分析是马克思主义活的灵魂。讲诚信也应该如此。

诚信虽然是人类社会必须恪守的原则，但却并非在任何场合、任何时候都要毫无保留地讲诚信，这就要求我们学会具体问题具体分析具体对待。

需要讲诚信时，一定要讲诚信；需要变通时，就一定要变通；需要伪装掩饰时，就一定要伪装掩饰。请看陈毅同志是怎样具体问题具体分析具体对待的。

（一）直言面对

1949年底，商务印书馆由于经营不善，发不出薪水。董事长张元济先生到上海市政府找陈毅市长，要借20亿元（合后来20万元），以解燃眉之急。

这位八十高龄的老先生，比陈毅父亲年纪还大。陈毅在小学时，就听到过他的大名。但是陈毅认为，这笔钱不能借。可是，怎样回绝他的请求呢？

陈毅稍作沉思，对张先生说道："如果说人民银行没有20个亿，那是骗你的。我不能骗你老前辈。只要我打个电话给人民银行，他们就可以把钱送给你。你老这么大年纪，为了文化事业亲自跑到这里来，理应借给你。但我想，还是不借给你为好。20个亿搞到商务一下子就花掉了。我认为你们还是要从改善经营想办法。不要只搞教科书，可以搞些大众化的年画，搞些适合工农需要的东西。学中华书局的样子。否则，不要说20个亿，200个亿也没用。要你老先生这么大年纪，到处轧头寸，我很感动,不过我不能借这个钱,借了是害了你们。"

从陈毅同志的谈话中,我们可以看出他那坦率真诚的态度。这坦率真诚的态度使老人对他产生了信任感。

(二)模糊应对

然而,在面对需要保守的秘密时,陈毅同志又能守口如瓶,用灵活的方法处理问题。例如:

1960年,我国打下了美制U—2型高空侦察机后,一名外国记者在记者招待会上问陈毅:"中国是用什么武器打下的U—2型高空侦察机?"

陈毅同志笑着说:"我们是用竹竿捅下来的!"

面对记者的提问,如实相告,显然不能,因为这涉及军事秘密。拒绝回答,虽然符合外交原则,但却有失礼节。

于是,机智而善表达的陈毅同志便运用了"搪塞法",巧妙而成功地解决了这两道难题。用竹竿捅下高空侦察机,谁也不会相信,但此言却能幽默地回答记者的提问,虽说做了回答,而对提问者则是无价值的信息,不过是搪塞他的问话罢了。

(三)巧妙伪装

当陈毅面对敌人时,他又能巧妙地伪装掩饰,让敌人上当受骗。1936年,赣粤边游击区正处在黎明前最黑暗的时刻。此时,陈毅正住在离大余城约15公里处的梅岭。

一天下午,交通站送来了陈海转交来的一封信。信是用中央在瑞金时规定的暗号写来接头的,写信人署名为原湘赣省委一位姓张的负责人。

陈毅见了信,有些疑惑。因为在这之前,陈毅曾叫陈海去找过这位张负责人,但没有找到,现在他怎么突然冒了出来,并通过陈海转来这封信进行接头呢?陈毅尽管疑惑,但又怕错过与中央来人见面的机会,便决定亲自到大余城走一趟,去会见那位张负责人。为了安全起见,陈毅找来区委书记黄占龙同志,两个人一道下了山。

陈毅和黄占龙下山后,穿过莲花梁,直奔陈海的住处。陈毅是想先找陈海查清虚实,然后再去见那位张负责人。

黄占龙将陈毅带到陈海的住处,只见一个女人正在洗衣服。黄占龙问:"陈先生在家吗?"那女人由于不认识陈毅和黄占龙,就答道:"到团部去了。"她说的可能是陈海到国民党军队的团部去了。但黄占龙却误听为到"糖铺"去了。因为那时大余城西水门外的梅风桥头广启安糖铺,是个秘密交通站。于是,陈毅和黄占龙就向糖铺走去。

他们刚拐过街角,就看见有一小队国民党兵朝那个糖铺跑去。陈毅和黄占龙一看情况不对,便急忙转身,拐进小巷绕到临街的一个茶馆坐了下来。

在茶馆,他们看见那些国民党兵从糖铺里抓走了一个人,并把糖铺封了。陈毅和黄占龙对望了一眼,他们的心里都在说,好险啊!

就在这时,原来在糖铺干活的一位老工人从茶馆后面走了进来,他悄悄地对陈毅说:"陈海叛变了,你们快走吧!"

陈毅明白了,自己原来的疑虑是有道理的。于是,他们急忙离开了茶馆,往梅岭返。

实际上,就在陈毅下山后不久,敌人就进了山,把陈毅的驻地包围了。当陈毅返回时,还不知道"家"中已经出事了。因此,他撞进了敌人的包围圈中。

暴风雨随时都会来到。敌人见此情形,准备撤退了。然而,正当他

诚信 决定存亡

们要撤退时,一个国民党兵看到了陈毅。他大声喊叫道:"你是谁?"陈毅见自己撞进了敌人的包围圈,就镇定地答道:"是我呀!"那口气好像跟国民党兵很熟悉。

国民党兵听了这句答话,放松了警惕,又问道:"你是那位向导吗?"陈毅答道:"是啊,我就是向导。"

国民党兵说:"要下大雨了,赶快走吧!"陈毅说:"我内急,你先走。"说着,就捂着肚子,钻进了树丛里。

这时,雷声大作,暴风雨铺天盖地而来,敌人撤退了。陈毅躲在树丛中观察着敌人的动静,直到判断敌人真的全部撤退后,才走出树丛。

主要参考书目

1. 刘玉瑛：《做事要讲规则》，新华出版社，2007年12月版。
2. 刘玉瑛：《老实人不吃亏》，新华出版社，2011年6月版。
3. 刘玉瑛：《给领导干部提个醒》，新华出版社，2010年6月版。
4. 刘光明：《诚信——企业品格的力量》，经济管理出版社，2006年4月。
5. 王文波、张兴继：《信誉无价》，民主与建设出版社，2001年9月。
6. 张忠元、向洪：《信誉资本》，中国时代经济出版社，2002年1月。